인간은 누구이며,
인간의 행복은 무엇인가?

인간과 잘사는 것

김남준

생명의말씀사

김남준 현 안양대학교의 전신인 대한신학교 신학과를 야학으로 마치고, 총신대학교에서 목회학 석사와 신학 석사 학위를 받았으며, 신학 박사 과정에서 공부했다. 안양대학교와 현 백석대학교에서 전임 강사와 조교수를 지냈다. 1993년 **열린교회**(www.yullin.org)를 개척하여 담임하고 있으며, 현재 총신대학교 신학과 조교수로도 재직하고 있다. 저자는 영국 퓨리턴들의 설교와 목회 사역의 모본을 따르고자 노력해 왔으며, 아우구스티누스를 비롯한 보편교회의 신학과 칼빈, 오웬, 조나단 에드워즈와 17세기 개신교 정통주의 신학에 천착하면서 조국교회에 신학적 깊이가 있는 개혁교회 목회가 뿌리내리기를 갈망하며 섬기고 있다.
주요 저서로는 **1997년도 기독교 출판문화상**을 수상한 『예배의 감격에 빠져라』와 **2003년도 기독교 출판문화상**을 수상한 『거룩한 삶의 실천을 위한 마음지킴』, **2005년도 기독교 출판문화상**을 수상한 『죄와 은혜의 지배』를 비롯하여 『구원과 하나님의 계획』, 『게으름』, 『자기 깨어짐』, 『하나님의 도덕적 통치』, 『교사 리바이벌』, 『자네, 정말 그 길을 가려나』, 『목회자의 아내가 살아야 교회가 산다』, 『설교자는 불꽃처럼 타올라야 한다』, 『돌이킴』, 『싫증』, 『개념없음』, 『그리스도인이 빛으로 산다는 것』, 『가상칠언』, 『목자와 양』, 『아이야 엄마가 널 위해 기도할게』, 『깊이 읽는 주기도문』, 『서른통』, 『부교역자 리바이벌』 등 다수가 있다.

인간과 잘 사는 것

2015년 2월 27일 1판 1쇄 발행

펴낸이 | 김재권
펴낸곳 | 생명의말씀사

등록 | 1962. 1. 10. No.300-1962-1
주소 | 서울 종로구 경희궁1길 5-9(110-062)
전화 | 02)738-6555(본사) · 02)3159-7979(영업)
팩스 | 02)739-3824(본사) · 080-022-8585(영업)

지은이 | 김남준

기획편집 | 태현주, 김정주
내지디자인 | 조현진
표지디자인 | 디자인집
인쇄 | 영진문원
제본 | 정문바인텍

ISBN 978-89-04-16490-5 (03230)

인간과
잘사는 것

저자 서문

행복의 비밀, 하나님 안에서 잘 사는 것

얼마 전, 제 생애에서 가장 큰 수술을 경험했습니다. 좌측 폐와 심장 사이에 있는 큰 종양 두 개를 제거하고, 개별 제거가 어려운 그 주변 작은 낭종들은 분포된 부위 자체를 절개하여 떼어 내는 수술이었습니다. 네 시간여의 수술을 마치고 마취에서 깨어나는 순간 가장 먼저, 가장 명료하게 떠올랐던 생각은 '내가 아직 살아 있구나!' 였습니다. 그리고 바로 하나님이 생각났습니다.

저는 이 책을 수술이 끝난 다음날부터 쓰기 시작했습니다. 마취가 풀리자 오히려 수술 당일보다 더 극심한 통증이 몰려왔으나, 진통제를 맞고 잠시 고통을 잊을 때마다 집필에 매달렸습니다. 여러 개의 링거 줄을 매달고 병상에 누워 있는 동안, 퇴원 후 집에서 꼼짝없이 누워 있는 동안에도 구형 핸드폰의 문자 쓰기 방식으로 글을 썼습니다. 그렇게 열흘 만에 이 책의 초고가 완성되었습니다.

연구실에서 책을 찾아보거나, 복사된 자료라도 읽으며 쓸 수 있는 상황이 아니었기에, 최초 원고는 제 안에 있는 지식과 상상과 사색을 통해 작성할 수밖에 없었습니다. 홀로 기억을 더듬으며 원고를 작성한 후, 나중에 서재에서 이 글을 쓰는 데 도움을 받은 책과 논문들을 찾아내어 그 실물을 확인하고 참고 문헌 목록에 기록하였습니다.

육체의 고통스러운 상태에서 인간으로 '잘 사는 것' 이 무엇인지에 대해 집필하는 동안, 몸은 아파도 정신은 자유와 은혜 가운데 있었습니다.

무신론자였던 제가 기독교 신앙에 대해 관심을 갖게 된 것은 '신자로서의 고민' 의 결과가 아니라 '인간으로서의 고민' 의 결과였습니다. 당시 저를 사로잡았던 고민은 '내가 오늘 하루, 인간으로 이

이 구형 핸드폰으로 이 책의 초고를 썼다. 나는 감각을 산란하게 하는 스마트폰보다 이 폰이 좋아 8년째 사용하고 있다. 이번에 입원, 가료하는 동안 이 핸드폰이 나에게 인생에 관한 사색을 공유하는 친구가 되어 주었다. 누워 있건 앉아 있건 폰을 켜면 사유가 시작되었고 폰을 닫을 때 사유도 끝났다.

렇게 존재하는 것이 세계와 다른 인간들에게 어떤 의미가 되는가.' 하는 실존으로서의 고민이었습니다. 그렇기 때문에 처음에는 하나님께 영광을 돌리기 위해서가 아니라 행복하기 위해서 예수 그리스도를 믿었습니다. 그리고 사람으로 '잘 살기' 위해서 교회 다니기를 결심했습니다. 왠지 예수 그리스도를 믿고 교회에 다니기 시작하면, 인간 존재에 대한 저의 고민들이 하나둘 풀리고 행복해질 것 같았습니다.

그러나 지금 생각해 보면 그 시절이나 지금이나 교회는 결코 그런 인간으로서의 고민에 진지한 답변을 주지 못하는 것 같습니다. 당시만 해도 교회 다니는 사람들을 보면, 이 사람은 이렇게 믿고 저 사람은 저렇게 행하며 각자 자기 소견에 옳은 대로 살아가고 있었습니다. 그 안에서 어떻게든 해답을 찾기 위해 애썼지만, 저는 제 절실한 질문에 대한 답을 거의 얻지 못했습니다.

그럼에도 불구하고 교회에 출석한 후 저에게 평안이 찾아왔습니다. 그 평안은 제가 고민하던 절박한 질문들에 대한 충분한 답을 찾았기 때문에 온 것이 아니었습니다. 정확히 말하면, 오히려 저는 그 평안으로 말미암아 그러한 질문들을 잃어버렸습니다.

그 평안은, 한편으로는 비록 그가 현명하지 못한 자라 할지라도 당신의 살아 계심과 기뻐하심을 보이시기를 주저하지 않으시는 하나님의 은혜 때문에, 다른 한편으로는 그리스도인이 되는 문제를 놓고 치열하게 고민하던 한 인간의 사색의 몸부림이 교회에 정착함으로써 그쳤기 때문에 찾아온 것이었습니다.

그러나 '인간은 누구이며, 인간의 행복은 무엇이냐?' 라는 인간의 궁극적 관심에 대한 제 고민은 그렇게 끝나지 않았습니다. 신학을 공부하고 목회의 길을 걸어가는 가운데, 저는 신학의 궁극적 목표 역시 인간의 궁극적 관심사를 크게 벗어나지 않음을 알게 되었습니다. 이 책에는 그것에 대한 저의 깨달음이 담겨 있습니다.

그런 점에서 이 작은 책은 인생의 행복을 묻는 모든 사람에게 주는 한 인간의 답변이라 할 수 있습니다. 저 역시 그들과 똑같이 행복을 누리기 원하는 존재이나 매일 만족스럽지 못함을 경험합니다. 그들이 바라는 것처럼 한 인간으로 '잘 살기' 를 늘 바라지만 언제

민들레의 꽃의 시듦은 자신의 씨앗을 널리 널리 퍼지게 하여 또 다른 개화를 기약하는 것이다. 이름 모를 풀처럼 태어나 예쁠 것도 없는 꽃을 피우지만, 그 꽃이 지고 나면 홀씨로 다시 피어나 새로운 꽃의 개화를 위해 높이 그리고 멀리 흩날린다.

나 원하는 대로 안 되는 것을 경험하며 살고 있습니다. 그렇지만 저는 이미 그리스도인이 되었고, 성경 안에서 '인간의 행복'과 '인간으로서 잘 살기'의 비밀을 발견하였습니다.

한 인간으로서 갖게 된 두 가지 고민, 곧 '행복'과 '잘 살기'에 대한 답을 저는 기독교 신앙 안에서 찾았습니다. 그리고 이제 제가 찾은 그 답을 철학과 신학의 도움을 받으며, 여러분 앞에 제시할 수 있게 되었습니다.

물론 제가 찾은 그 답 중 어떤 것은 아직 충분히 제 것이 아닙니다. 그것이 제 삶에 익숙해지기까지는 아직 제 것이라고 할 수 없기 때문입니다. 올바르지만 익숙하지 않은 것보다 오류가 있지만 익숙한 것을 따라 살고 싶어하는 저 자신의 모습을 마주할 때마다, 신앙 가운데 있다 하지만 여전히 진리에 의해 선교되지 않은 저를 발견합니다. 그러나 이것은 제가 하나님을 사랑하는 한 신자로서 평생

지고 가야 할, 누구도 대신해 줄 수 없는 저 자신과의 싸움이기도 합니다.

이 작은 책이 저처럼 고민하며 고단한 인생길을 걸어가는 모든 사람들에게, 자신과의 싸움을 승리로 이끌며 어둠 속을 걸어가는 빛의 자녀들에게, 이 작은 책의 분량을 넘어서는 커다란 도움을 줄 수 있기를 기도합니다. 끝으로 이 원고를 읽어 주고 저의 설명에서 부족한 점을 꼼꼼히 지적해 주고 용어들을 바로잡아 준 이종환 박사(서울시립대 철학교수)에게 고마운 마음을 전합니다.

2014년 12월

김남준

목차

들어가는 말

물질적 측면에서의 눈부신 발전에 비해 인간의 정신적 관심사는 현저하게 퇴보한 것은 아닙니까?

에베소서, 골로새서는 어마어마한 이야기로부터 시작됩니다. 하나님의 위대한 구원 계획에 관한 이야기가 장엄하게 펼쳐진 후, 끝에 가서 어떻게 생활해야 하는지에 관한 구체적인 권면이 나옵니다. 기독교 신앙의 위대한 점은 이렇듯 오늘 숨 쉬고 먹고 가족과 관계를 맺는 것이 영원에 잇대인 의미를 지닌다는 데에 있습니다.

MAN AND LIVING A GOOD LIFE

산업혁명 이후, 인간의 물질문명은 고도의 성장을 이루었습니다. 그러나 이로 인해 교육의 중심적인 관심사도 인간 정신에서 물질로 이동하고 말았습니다. 생산성의 전문화와 효율화를 지나치게 추구한 나머지 지식은 파편화되고, 전인적인 삶의 완성을 목표로 하는 덕의 교육이 사라져 버렸습니다. 더욱이 지난 세기를 풍미한 상대주의(Relativism)의 영향으로 이제 인간은 '절대적인 도덕의 기준이 존재하는가?' 라는 회의에 빠지게 되었습니다.

원래 민주주의 교육의 목표는 인간을 시민사회 일원으로 살아가기에 적합한 자율적인 존재로 만드는 것이었습니다. 다시 말해서 인간의 자율 안에서 개인의 자유로운 삶과 한 국가 공동체의 유익이 조화를 이루는 삶의 구현이었습니다. 이러한 삶을 추구했던 르네상스의 인간관은 고대 그리스와 로마 문명의 인간관의 재탄생

전 세계 인구의 약 95%가 도시에 산다고 한다. 산업화와 함께 생산을 위한 인프라를 활용하기 위해 발달한 도시는 인간의 의식에 커다란 변화를 가져왔다. 편리하고 화려하지만, 그 속에서 현대인들은 타자로부터의 심각한 소외뿐 아니라 '자기 낯섦'을 경험한다.

(rinascimento)이었습니다.

르네상스 시대의 사람들이 '원천으로' (*ad fontes*)의 사유를 통해 발견한 이상적인 인간관은, 영혼의 불멸성과 단순성을 믿는 가운데 신을 향해 자신의 영혼을 정화하고 인류 공동체에 이바지하는 존재로서의 인간이었습니다.

그러나 지금 우리는 이러한 인간관을 모두 상실한 채 혼란에 빠져 있습니다. 절대적인 도덕이 사라지면서 우리의 삶은 확고한 윤리 기반마저 잃어버렸습니다. 이런 상황에 놓여 있는 우리에게 기독교 신앙의 유익은 과연 무엇일까요? 기독교 신앙은 파편적인 지식들을 하나의 통일된 관점으로 연결하여, 그 모든 것을 '잘 사는 것' (living a good life)에 이바지하게 합니다.

우리가 "잘 산다."라고 말할 때, 그 의미 규정은 대화의 맥락에 따라 달라집니다. 경제적 형편을 이야기하다가 그 말이 나왔다면 그것은 '부유하게 산다.' 는 의미일 것이고, 사회적 지위와 관련해서 나왔다면 그것은 '성공 가도를 달린다.' 는 의미일 것입니다. 그러나 기독교 신앙이 추구하는 '잘 사는 것' 의 의미는 그런 차원이 아닙니다. 이것은 인간으로서 인간답게 존재하는 것이 무엇인가에 대한 논의입니다.

군인은 전투를 하기 위해 준비된 사람이기 때문에 그 일에 유능한 것이 '군인으로서 잘 사는 것' 입니다. 학생은 공부하는 사람이기에 공부를 잘하는 것이 '학생으로서 잘 사는 것' 입니다. 도공은 도자기를 빚어 굽는 사람이기 때문에 그 일을 잘하면 '도공으로서 잘 사는 것' 입니다. 그러나 군인, 학생, 도공이라는 직업이나 신분은 우연적인 것입니다. 다시 말해서 군인이라는 직업을 그만두거나, 학생이라는 신분이 끝나고, 도공이 너무 늙어서 그 일을 할 수 없게 되었다고 할지라도 인간으로서의 삶은 계속됩니다.

그렇다면 인생에서 '군인이나 학생 혹은 도공으로 잘 사는 것' 은 '사람으로서 잘 사는 것' 보다 더 중요하지 않다는 사실을 깨닫게 됩니다. 왜냐하면 그런 직업이나 신분을 가진 사람으로 '잘 사는 것' 은 인간으로서 '잘 사는 것' 보다 본질적이지 않기 때문입니다. 이것은 인간의 행복과 밀접하게 관련된 질문이기도 합니다.

군인, 학생, 도공으로서 아무리 행복하다고 할지라도, 인간으로서 보람 있고 행복한 삶을 살아가고 있지 않다면 그는 진정으로 행복한 사람이 아닙니다. 그의 직업이나 신분에 의해서 행복해지는 것이 전부인 사람은 그것을 잃어버리는 순간, 자신의 존재 이유를 찾을 수 없을 것이기 때문입니다.

일본의 유명한 금융회사에서 근무하며 탁월한 능력을 인정받아 젊은 나이에 고위직에 올랐던 사람이 있었습니다. 그는 뜻밖의 교통사고를 당해 8개월 동안 병원에 입원해서 치료를 받게 되었습니다. 큰 사고였지만 수술과 치료가 순조롭게 진행되어, 드디어 퇴원하는 날이 다가왔습니다. 그런데 그는 퇴원하기로 되어 있는 그날 아침, 병원 옥상에서 투신자살함으로써 생을 마감하였습니다. 그는 유서를 통해, 자신이 없어도 아무 일 없다는 듯이 잘 돌아가고 있는 회사를 보며 자신의 존재 의미를 찾을 수 없어서 죽음을 택했다고 밝혔습니다.

이 이야기를 통해 우리는 직업인으로서 잘 사는 것이 꼭 인간으로 잘 사는 것의 전부가 아님을 깨닫게 됩니다. 어떻게 사는 것이 인간으로서 잘 사는 것일까요? 이 질문에 답하기 위해서는 먼저 인간이 무엇을 위해서 어떤 의도로 존재하게 되었는지에 대해 답할 수 있어야 합니다.

'인간으로서 잘 사는 것'은 인간의 존재 목적에 합당하게 살아가는 것이라 할 수 있습니다. 이런 측면에서 생각할 때, "인간으로서 잘 사는 것은 무엇인가?" 하는 질문은 인간의 존재 의미에 대한 물음이며, 인간이 자신의 존재 안에서 어떻게 행복한 상태에 이를 수 있는가에 대한 고민입니다. 이것은 인간과 세계를 창조하신 하나님의 존재와 의도에 관련된 질문입니다. "인간은 왜 창조되었나?", "무슨 의도로 인간은 존재하는가?"라는 이러한 고민들은 곧 신학의 화두이기도 합니다. 우리가 신학을 '하나님의 지혜의 일에 관한 학문' 이라고 부르는 것도 이 때문입니다.

그러므로 "인간으로서 잘 사는 것이 무엇인가?" 라는 질문에 답하기 위해서는 먼저 "인간이 존재하는 목적은 무엇인가?" 라는 질문에 대한 답을 가지고 있어야 합니다. 많은 사람들은 이 두 번째 질문에 대한 답을 인간 자신 안에서 찾으려고 합니다. 그러나 인간이 스스로 찾아낸 답은 인간 자신의 존재 목적을 자기 안에서 혹은 자기를 중심으로 확장된 관계 안에서 찾은 것들에 불과합니다. 그것은 너무나 자의적인 대답입니다. 진흙으로 만들어진 질그릇은 단지 만들어졌을 뿐이지, 그것이 무슨 의도로 존재하게 되었는지는 그 제작자의 생각 안에서만 정확히 발견될 수 있습니다. 인간과 세계는 본래 있었던 것들도 아니고, 스스로 자신을 조성한 것도 아닙니다. 그것들은 인간과 세계를 창조하신 하나님의 계획 안에서 각각 의도를 가지고 창조되었습니다. 탁월한 피조물은 그만 못한 피조물보다 더욱 탁월한 하나님의 계획 속에서 창조되었습니다. 이것이 바로 인간과 세계를 창조하신 하나님의 지혜입니다.

그리스도의 십자가는 세계와 인류를 향한 하나님의 지혜입니다. 왜냐하면 당신이 창조하시고, 인간에 의해 타락한 세계를 구원하시고 완성하고자 하는 경륜의 지혜가 십자가를 통해 나타났기 때문입

같은 산을 오르고 있다 할지라도 더 이상 할 일이 없어 산을 찾는 실직자들과 퇴직자들의 등산은 외롭고 쓸쓸하다. 삶의 상황이 어떻게 변해도 가슴 깊은 곳에서 우러나오는 희열과 존재의 의미를 찾은 데서 오는 편안함이 있다면, 죽음과도 당당히 맞설 수 있지 않을까? 이렇게 지위와 신분과 삶의 상황에 상관없이 '잘 사는 길'은 없을까?

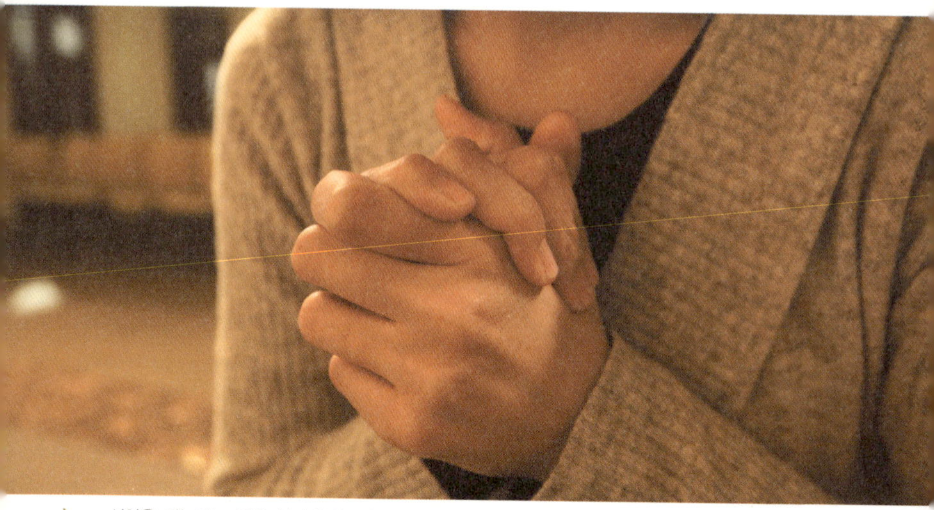

신앙을 갖는다는 것은 삶과 죽음, 세계와 인간에 대한 새로운 관점을 받아들임으로써 새로운 삶을 산다는 것이다. 신앙은 하나님에 대한 절대 의존의 마음이며, 진실하고 간절한 기도는 이 절대 의존의 마음의 최고 표현이다.

니다. 그래서 성경은 이것을 "은밀한 가운데 있는 하나님의 지혜를 말하는 것으로서 곧 감추어졌던 것"(고전 2:7)이라고 말합니다.

그리스도의 십자가는 세계와 인간을 향한 하나님의 원대한 경륜을 이해하는 열쇠라고 할 수 있는데, 이는 십자가의 복음을 통하여 비로소 인간이 하나님과 이웃, 자연세계와 어떤 관계를 맺고 어떤 질서 속에서 살아야 할지를 알게 되기 때문입니다.

이처럼 그리스도의 십자가 복음을 통하여 궁극적으로 도달하게 되는 하나님의 지혜에 대한 앎은 우리에게 우주와 세계, 인간과 사물들 간의 관계를 보는 새로운 관점을 열어 줍니다. 다시 말해서 '그리스도께서 우리를 위해 죽으셨다.'는 사실을 통하여 하나님이 누구신지, 세계에 대한 그분의 경륜이 무엇인지를 알게 되는데, 그 후에는 하나님과 인간과 세계에 대한 모든 지식이 복음이라는 관점 안에서 질서 있게 재배열된다는 것입니다. 이것이 바로 그리스도인이 된다는 말의 의미 중 하나입니다.

그러므로 기독교 신앙을 갖는다는 것은 복음에 대한 믿음을 토대로 모든 사물의 가치와 질서를 재배열하여 받아들이는 것을 의미합니다. 오늘날 상대주의에서 오는 현대인의 혼란과 확고한 윤리의 근거를 잃어버린 삶에 대한 대안으로 기독교 사상의 가치를 다시 숙고해야 하는 이유가 바로 이 때문입니다.

제1장 신학의 궁극적 관심사

철학의 관심사와 신학의 관심사는 다릅니까?

인간이라면 누구나 직면하지 않을 수 없는 의문과 고민의 궁극적 해답은 기독교 신앙 안에 있습니다. 인간에게 분명한 정체성과 전 포괄적인 세계관을 형성시켜 줄 수 있는 것이 바로 기독교 사상입니다. 신학의 관심사는 철학의 관심사와 결코 다르지 않으며, 기독교 신앙의 목표 역시 인간의 참된 행복입니다.

MAN AND LIVING A GOOD LIFE

학문은 연구 대상과 그것을 연구하는 주체의 활동을 담고 있습니다. 따라서 어떤 학문의 명칭 앞부분은 학문의 대상을, 뒤편의 '학'(學, *logia*)은 주체의 활동을 가리킵니다. 대부분 학문의 대상은 객관적인 사실이고 그것은 인간의 사유보다 크지 않습니다. 그러나 신학의 대상인 '신'(神, *theos*)은 신학을 다루는 학문의 주체인 인간보다 절대적으로 큽니다.

따라서 신학은 학문의 대상이 되는 신의 선행적인 도움을 의존하지 않을 수 없습니다. 다시 말해 '계시' 곧 '하나님의 선행하는 신학'(antecedent theology)인 성경과 자연을 통해, 그것을 기초로 인간의 신학 활동이 가능하다는 것입니다.

신학의 동기는 다른 학문과 달리 단지 객관적인 사실을 탐구하기 위한 것이 아니라, 궁극적으로 신을 더욱 바르게 알고 경배하기 위

어차피 인생은 생성에서 변화를 거쳐 소멸로 나아간다. 그리고 인간은 그 과정 속에서 수많은 삶의 사태들을 만난다. 우리가 인생길에서 겪는 대부분의 일들은 우리의 뜻대로 풀리지 않는다. 우리가 만나는 삶의 상황들은 달라도, 그것들을 관통하는 의미를 파악하며 살아갈 수 있다면 젊음과 늙음도 새로운 의미를 가지고 다가올 것이다.

한 것입니다. 그런 점에서 볼 때 신학은 학문인 동시에 신앙의 행위입니다. 또한 신학의 탐구 범위는 인간이 이성(理性)으로 알 수 있는 가시적(可視的)인 영역에서부터 믿음을 통해 오성(悟性)으로 알 수 있는 가지적(可知的)인 영역을 망라합니다.

그러면 과연 이 신학이라는 학문의 궁극적인 관심사는 무엇일까요? 신학의 궁극적인 관심사는 인간으로서 하나님 앞에서 '잘 사는 것' 입니다. 초대교회 이래로, 그리스도인이 된다는 것은 곧 인간으로서 잘 살기 위한 기독교의 가르침을 받아들인다는 것을 의미했으며, 이것은 필연적으로 인간의 삶에 대한 기독교의 전포괄적인 관점을 받아들인다는 것이었습니다. 이러한 신학의 성격은 역사적으로 살펴보면 더욱 분명해집니다.

신약성경에서 예수 그리스도의 가르침은 '이미 도래한 하나님의 나라' 와 '미래에 완성될 하나님의 나라' 라는 세계관과 우주론 안에서 인간이 어떻게 사는 것이 잘 사는 것인가를 가르친 것으로, 여기에는 인간의 이성적인 탐구만으로는 다 알 수 없는 사실에 대한 믿음이 요구되고 있습니다.

에베소서의 유장한 우주론이나 골로새서의 우주적인 기독론이 항상 인간의 구체적인 삶에 대한 교훈으로 마무리된다는 사실 역시 기독교 신앙의 '잘 사는 것' 에 대한 가르침이 단지 인간 사회 생활을 경험한 데서 나온 소산이 아니라, 하나님과 인간과 자연세계와 의 관계를 아우르는 전포괄적인 세계관에 입각한 사상적인 가르침 이라는 사실을 잘 보여줍니다.

에베소서는 하나님께서 창조하신 천상세계와 지상세계를 하나 되게 하시는 위대한 계획이 그리스도 안에 있다고 말합니다(엡 1:10). 죄인들이 구원받은 것은 이러한 위대한 경륜을 이루기 위함인데, 이것이 바로 우리가 모든 사람들에게 그리스도의 복음을 전파하는 이유라는 것입니다(엡 2:10, 3:8-9).

그런데 인류의 구원과 세계의 완성에 관한 이 위대한 신적 경륜은 신령하고 영적인 일들뿐만 아니라, 인간들의 구체적인, 어떻게 보면 아주 일상적이고 사소해 보이는 삶과 관계가 있습니다.

신자들끼리 서로 사랑으로 용납하고, 도둑질하지 않으며, 서로 용서하며 사는 것입니다(엡 4:1-2, 28, 32). 아내와 남편이 서로 사랑하고 복종하며, 자녀들이 부모를 공경하고, 부모가 자녀를 잘 양육하며, 종과 상전이 서로 충성스럽게 섬기고 자비롭게 대하며 살아가야 한다는 것입니다(엡 5:22-25, 6:5-9). 이것이 바로 기독교 신앙에서 '일상의 비범화' 입니다.

이것은 너무나 평범하고 일상적인 일과 행위들이 우주적이고 신적인 의미를 가지고 우리들에게 다가와 우리로 하여금 우리의 삶이 하나님 앞에서 어떤 의미가 있는지를 물으며 사는 것입니다.

무한한 우주 공간 안에서 티끌과 같고, 영속하는 시간의 흐름 속에서 마치 없는 것과 같은 우리 인간이 사람들과 관계를 맺으며 자연의 질서 안에서 살아가는 일상의 삶이 곧 하나님께서 창조하신 세계를 구원하고 완성하시려는 위대한 계획에 참여하는 것이라는 의미입니다.

순간을 살다가 사라지는 것 같은 인간의 삶을 영원에 잇대인 의미를 갖게 만들어 주는 것이 바로 그리스도의 복음에 나타난 하나님의 지혜입니다. 따라서 복음은 단지 불신자들을 예수 믿게 하는 수단이 아니라, 인간이 하나님과 인간 그리고 세계와 어떤 관계를 맺으며 인생을 살아가야 하는지를 보여주는 포괄적이고 우주적인 관점을 제공합니다. 이 관점에 관한 하나님의 지혜를 알고 그분 앞에 사는 것이 바로 기독교 신앙과 신학의 목표입니다.

초대교회 교부들도 신학을 하는 동기와 목적에 대해 분명하고도 확고한 인식을 갖고 있었습니다. 오리게네스(Origenes Adamantios, c185–c254)는 최초의 교리서 중 하나인 『원리에 관하여』(*De Principiis*)에서 신학은 하나님과 세계의 존재 원리를 보여주어 인간이 하나님을 잘 믿고 잘 살게 하는 것이라고 제시합니다.

아우구스티누스(Aurelius Augustinus, 354–430)의 『참된 종교에 관하

여』(*De Vera Religione*)나 사실상 동방교회 마지막 교부인 다마스쿠스의 요한네스(Johannes Damascenus, c675–749)의 『지혜의 원천』(*The Fount of Knowledge*)과 같은 책들에서도 이러한 신학의 목표 의식을 명료하게 볼 수 있습니다.

로마제국 시대의 아테네나 코린트 같은 도시들은 새로운 철학이나 사상에 대한 가르침에 너그러웠습니다. 로마제국의 정책에 위배되지 않는 한 그것들을 표현할 수 있는 자유를 누렸습니다. 그래서 철학자들과 지식인들은 도시로 모였습니다. 그들은 시장이나 광장에서 자유롭게 자기들의 철학이나 새로운 사상들을 발표하고 토론을 하였습니다(행 17:19–21).

초대교회 시대 에피쿠로스 학파와 스토아 학파 철학자들이 기독교를 핍박하는 대신 잠시 바울의 전도에 귀를 기울인 것도 그들에게 기독교 복음이 새로운 철학, 곧 '인간으로서 잘 사는 것' 에 대한 전포괄적인 사상을 담은 새롭고 독특한 가르침으로 보였기 때문이었습니다(행 17:19). 이는 당시 사도 바울로부터 복음에 관하여 들었던 로마 시민들이 새로운 철학의 가르침에 얼마나 큰 관심을 기울였는지를 보여줍니다. 새로운 철학에 대한 그들의 관심은 단지 그것이 보여주는 인생의 지혜에 대한 관심이었습니다.

그들이 열망하였던 지혜는 곧 '삶의 방식' (*modus vivendi*)에 관한 것이었으며, 그들이 철학을 하는 궁극적인 목표는 '유다이모니아'(*eudaimonia*), 곧 '행복'이었습니다. 그런데 그들이 생각하는 행복은 인간이 자기의 욕망을 따라서 아무렇게나 살아가면서 누리는 만족이 아니었습니다. 그것은 혼란스러운 인생의 다양한 경험들과 그 인생사 가운데 겪는 많은 모순들의 궁극적 대안일 수 없기 때문이었습니다.

인간은 살아가면서 다양한 삶의 사태를 겪습니다. 그 삶의 사태는 넓게는 사회적이고 역사적인 상황과 관련되어 있고, 좁게는 가족을 비롯해 이웃들의 삶과 밀접하게 연관되어 있습니다.

이러한 삶의 사태들 앞에서 인간은 모든 일이 자신의 계획대로 될 때도 있지만, 그렇게 되지 않을 때가 많음을 경험하며 불만족과 고통을 겪습니다. 여기서 인간은 자신이 직면하게 된 다양한 상황에 상관없이, 이와 같은 다양한 삶의 사태들을 관통하는 불변하는 어떤 의미를 찾아야 할 필요성을 느끼게 됩니다. 뿐만 아니라 사회와 이웃들과의 관계에서 그들과 자신의 존재 의미를 묻지 않을 수 없게 됩니다. 왜냐하면 인간이 행복하기 위해서는 인생을 살아가는데 안정성이 있어야 하기 때문입니다.

인생에서 안정성이라고 하는 것은 삶의 수많은 사태들 앞에서 불변하는 가치의 빛으로 그것들을 해석해서 의미를 파악하여 일관된

학문은 질서에 대한 발견을 체계화한 것이다. 같아 보이는 것들을 분석하여 구별하고, 다르게 보이는 것들을 종합하고 통합하여 그 모든 지식을 질서 있게 배치하는 것이 바로 학문이다. 학문이 어려운 것은 사물들을 규율하는 질서를 파악하는 것이 어렵기 때문이다. 그러나 보이지 않는 질서인, 인간을 위해 계획된 도덕의 질서를 따라 사는 일은 더욱 어렵다.

신념을 따라 살아갈 수 있는 상태를 가리킵니다. 만약 우리가 인생을 살면서 잠시 순경(順境)을 만나면 기뻐하고, 역경(逆境)을 만나면 슬퍼하면서 마음이 수시로 요동친다면 우리의 삶은 매우 불안정할 것입니다.

우리가 누리는 만족이 진정한 행복이 되기 위해서는 그것이 항구적인 안정성을 가진 것이어야 합니다. 그렇다면 우리는 파도처럼 출렁거리며 흘러가는 수많은 삶의 현실적 사태들 속에 살면서도 그것들에 매이지 않는 관점을 가지고 살아가야 합니다. 그러기 위해서는 그 사태들을 관통하는 인생의 의미를 파악할 수 있어야 합니다.

기독교 신앙의 유익은 하나님을 아는 지식을 통해 이러한 지식들을 가질 뿐만 아니라 그것들을 극복하며 살 수 있는 힘을 은혜로써 공급받는다는 것입니다.

이처럼 행복에 대한 추구는 필연적으로 '잘 사는 것'에 대한 탐구를 요구하며, 인간으로서 '잘 사는 것'에 대한 탐구는 반드시 자신의 존재 의미에 대한 성찰을 필요로 합니다. 그리고 인간으로서 자신의 존재 의미에 대한 물음은 반드시 인간과 세계, 나아가 신의 존재 의미에 대한 탐구를 필요로 합니다.

흔히 신학의 관심사에서 인간의 행복에 관한 질문과 탐구가 배제되어 있다고 생각하는데 이것은 그릇된 견해입니다. 오히려 신학은 궁극적으로 인간이 어떻게 행복한 존재로 살 수 있는가에 대해 철학보다 더 포괄적이고 근본적인 답을 제시해 줍니다. 다만 신학은 철학에서 적극적으로 받아들이지 못하는 신의 존재와 성품에 대한 지식, 신의 의지의 표현으로서의 계시 등을 적극적으로 인정한다는 점에서 철학과 차이가 있을 뿐입니다.

기독교 신앙에서는 인생의 제일 큰 목적이 하나님께 영광을 돌리는 것이라고 가르칩니다. 그러나 실제로 처음부터 하나님의 영광을 위해서 기독교 신앙을 갖는 사람은 아무도 없습니다. 모든 사람이 처음에는 자기의 행복을 위해 예수 그리스도를 믿고 신앙을 갖습니다. 인간이 하나님의 영광을 위해 창조된 존재라는 사실은 그리스도인이 된 후에야 깨닫게 되는 사실입니다.

'행복이란 무엇인가? 어떻게 사는 것이 잘 사는 것인가?' 라는 고민은 기독교 신앙의 소유 유무를 초월하여, 인간이라면 누구나 직면하지 않을 수 없는 질문입니다. 끊이지 않는 인생의 불행, 세계의 불완전함, 현실에서 짓밟히는 정의와 공평 등을 경험하면서 인간은 단순히 부귀와 평안과 번영과 만족을 누리며 살아가는 것 이상의 '잘 사는 것' 에 대해 탐구하지 않을 수 없게 됩니다.

이러한 의미에서 우리는 신학의 궁극적인 관심도 '하나님 앞에서 인간으로서 잘 사는 것이다.' 라고 말할 수 있습니다. 하나님 자신과, 인간과 세계에 관한 하나님의 지혜를 다루는 책인 성경이 무엇을 어떻게 믿어야 할 것인지에 대한 규칙뿐 아니라, 인간이 어떻게 사는 것이 '잘 사는 것' 인지에 대한 풍부한 교훈까지 담고 있는 이유도 바로 그 때문입니다.

신학은 타락한 인간이 자신의 죄 된 인간성과 불완전한 세계로 말미암아 고통받는 현실에서 인간으로서 참으로 '잘 사는 것' 이 무엇인지에 대한 해답을 하나님의 선행적인 도움인 계시에 의존하여 찾아가는 학문이라고 말할 수 있습니다.

신학은 하나님 앞에서 잘 살기 위한 학문입니다. 그리고 그 '잘 살기' 는 새로운 세계관과 인생관을 전제로 합니다.

종교개혁(Reformation)의 신학에 대한 이해도 이러한 맥락에서 이루어졌습니다. 종교개혁의 '개혁' 은 단순히 로마 가톨릭의 도덕적인 부패에 대한 쇄신만을 의미하는 것이 아니었습니다. 오히려 하나님의 말씀인 성경의 진리를 토대로 로마 가톨릭의 하나님과 인간과 세계에 대한 포괄적인 설명을 근본적으로 뜯어고치고자 하는 시도였습니다.

중세 시대를 거쳐 종교개혁 시기까지 형성된 로마 가톨릭의 세계관과 인간관, 교회관에 대한 신학적인 쇄신의 움직임이 바로 16세기에 일어난 종교개혁이었습니다. 결국 종교개혁은 신약성경과 초대교회 신앙의 요체였던 인간으로서 '잘 사는 것'에 대한 새로운 발견과 이에 대한 로마교회의 잘못된 가르침에 대한 반성을 근간으로 일어났다고 말할 수 있습니다.

이러한 신학적이고 철학적인 반성을 위한 지적인 자양분은 가깝게는 13세기 말부터 시작된 르네상스(Renaissance)와 인문주의(Humanism)였습니다. 피렌체를 중심으로 한 이탈리아 중부의 르네상스가 인간의 존엄과 자율, 가치에 대한 재발견을 예술로 표현한 것이었다면, 북부의 인문주의는 인간에 관한 이러한 재발견들을 사상으로 표현하고 체계화하는 사조(思潮)였습니다.

그리스와 로마 시대의 예술과 저작들에 관한 연구는 신 앞에 자유롭고 평등하게 창조된 인간의 존엄성과 자유 및 가치에 대한 재발견을 촉진하였습니다.

이러한 인문주의에 의해 촉진된 신학적인 반성은 중세의 교권주의와 수직적인 질서의 인간관을 수정한 12세기 말 아시시의 프란체스코(Francesco d'Assisi, c1182-1226)와 같은 선구적인 인물들에 의해 먼저 이루어졌습니다. 프란체스코는 당시 널리 받아들였던 수직적 계급 질서인 '사제-수도사-평신도-속인'이라는 종적 관계 대신, 수평적 계급 질서인 '사제-수도사-제3계급-기타 속인'이라는 횡적 관계를 생각하였습니다.

영적 체험이 풍부한 수도사였던 프란체스코가 간절히 바랐던 것은 모든 신자들이 그리스도의 가르침을 스스로 생각하고 느끼는 것이었습니다. 그는 중세의 마지막 시기를 살았지만, 토마스 아퀴나스(Thomas Aquinas, c1225-1274)의 스콜라주의를 근간으로 하는 지성 중심의 신앙관에 안주하는 대신, 실제로 인간의 삶을 추동하는 감정의 의지의 힘을 심각하게 받아들였습니다. 그리고 이것은 어떤 의미에서 데카르트(René Descartes, 1596-1650) 이후에 전개될 파스칼(Blaise Pascal, 1623-1662)이나 스피노자(Baruch de Spinoza, 1632-1677), 나아가서 낭만주의(Romanticism)가 파고들게 될 인간에 대한 고민을 예고한 것이었습니다.

프란체스코는 성직자 계급의 존재를 부정하지 않았고, 그가 결코 동의하지 않았을 사치와 방탕에 물든 교황청에 도전하지도 않았습니다. 오히려 그는 그리스도의 가르침에 대한 교황청이나 성직자들의 해석과는 다른 해석을 제시함으로써 대중들의 인기를 한 몸에 받았습니다.

예를 들어 그는 수도사들이 하나님께 가까이 있는 사람들이고 자신들은 영적으로 그들보다 하위에 있는 존재들이라고 생각하던 대중들에게 모든 사람들이 수도사가 될 필요가 없으며 속세에 살더라도 가끔 수도원에 들어와 금욕과 공동생활을 하면 된다고 가르쳤습니다. 오히려 세상에서 기독교인의 정체성을 지키며 시민생활을 영위하면 얼마든지 훌륭한 신자가 될 수 있다고도 가르쳤습니다. 그는 이런 사람들을 가리켜 '테르자 오르디네'(terza ordine), 즉 '제3의 계급'이라고 불렀습니다. 그는 사제나 수도사, 속인이라는 신분은 신 앞에서 종교적 우월의 관계가 아니라, 개인의 자유로운 선택의 결과라고 보았습니다.

이러한 프란체스코의 생각은 르네상스의 인간관을 선구자적으로 반영한 것입니다. 우리가 프란체스코를 신성로마제국의 황제였던 프리드리히 2세(Friedrich II, 1194-1250)와 함께 르네상스의 선구자로 부르는 것도 바로 그의 이러한 르네상스적 인간관 때문입니다.

역사적으로 예술운동인 르네상스를 사상운동으로 뒤이은 인문주의는 크게 두 범주로 발전하였습니다. 무신론적인 인문주의와 유신론적인 인문주의가 그것입니다. 후자에서 기독교 인문주의 전통이 나오게 되었는데, 이는 성경에 근거를 둔 인간의 존엄성과 자유 그리고 가치를 강조한 아우구스티누스의 사상으로 회귀하는 것을 의미하였습니다.

이처럼 종교개혁은 당시 기독교 인문주의 사조들 중 극단의 무신론적인 인문주의가 아닌 유신론적인 인문주의 사상의 도움으로, 기독교 초기의 신학적이고 철학적인 전통을 재발견함으로써 일어난

계단 위에 찬란한 빛이 보인다면 비록 거기에 다다르는 계단이 좀 어둡다고 할지라도 걸어 올라가기가 불편할 뿐이지 불가능한 것은 아니다. 우리 인생의 의미에 대한 탐구도 그러하다.

것입니다.

『기독교 강요』(*Christianae Religionis Institutio*, 1536)를 쓴 칼빈(John Calvin, 1509-1564)은 기독교 신앙의 체계적 변증이나 교리를 '인스티투티오'(*institutio*)라고 불렀는데, 이것은 당시로서는 전혀 특별한 것이 아니었습니다. 라틴어에서 '인스티투티오'는 '체계, 관습, 제도'를 의미하며, 프랑스어에서 '앵스티튀시옹'(institution) 역시 '사회 제도, 관습 체계, 체계적인 질서'를 의미했습니다.

이 용어는 기독교 신앙에 대한 체계적인 진술을 가리키는 것으로 '테올로기아'(*theologia*)라는 말과 함께 종교개혁 신학자들과 17세기 개혁파 정통주의자들이 즐겨 사용하던 용어였습니다.

그러므로 칼빈의 기독교 신앙 교리서인 『기독교 강요』는 흔히 알고 있는 것처럼 '기독교 신앙의 기초를 다룬 책'이라는 의미가 아닙니다. 이 책의 제목은 당시 유행하던 관습을 따라 매우 길었는데, 『기독교 강요, 구원론을 이해하는 데 필수적인 제반 사항과 경건의 개요를 거의 망라했고, 경건에 열심이 있는 사람이라면 누구나 충분히 일독할 가치가 있는 저서』(*Christianae religionis institutio, totam fere pietatis summa, & quicquid est in doctrina salutis cognitu necessarium, complectens: omnibus pietatis studiosis lectu dignissimum opus, ac recens editum: Praefatio ad Christianissimum regem Franciae, qua hic ei liber pro confessione fidei offertur*)

였습니다.

다시 말해서 '종교개혁을 통해 제시된 개혁된 구원론과 신앙에 따른 새로운 세계관과 인생관으로, 기존의 로마 가톨릭과는 다르게 경건과 인간의 삶 전체를 포괄하는, 시간적으로뿐만 아니라 본질적으로 새롭게 재형성된 가르침'이 바로 이 책이었습니다.

실제로 『기독교 강요』 초판의 내용을 살펴보면 신학적인 내용을 상세하게 설명하는 부분은 기존의 가톨릭 책들보다 간략하지만, 신자의 삶 전체를 다루는 내용에서는 훨씬 폭이 넓고 체계적이라는 인상을 갖게 됩니다.

이처럼 종교개혁은 인간의 삶 전체를 포괄하는 총체적인 가르침을 개혁신앙에 따라 재형성한 것인데, 그 뿌리는 신약성경과 아우구스티누스를 비롯한 초대 교부들의 가르침에 두었다고 말할 수 있습니다.

칼빈을 비롯한 개혁자들이 '인스티투티오' 같은 용어를 사용한 것은 그들이 상정하던 개혁신학의 적극적인 측면을 보여줍니다. 다시 말해서 종교개혁은 소극적으로는 로마 가톨릭 교회가 잘못 세운 신학과 여기서 비롯된 하나님과 인간과 교회와 세계에 대한 잘못된 관점을 허물어 버리는 운동이었습니다. 그리고 적극적으로는 성경과 아우구스티누스의 신학을 통해 정당하고 포괄적인 관점을 '재형성’ (reformation)함으로 하나님의 형상을 가진 인간이 참으로 ‘잘 사는 것’ 이 무엇인지를 규정하고 그렇게 살 수 있는 종교적인 원천을 재발견하고 적용하는 것이었습니다. 전자가 바른 지식과 학문이라면, 후자는 바로 경건입니다.

당시 철학의 핵심적인 관심사가 인간으로서 마땅히 살아가야 할 ‘삶의 기술’ (*ars vivendi*)이었으므로 기독교 신앙은 처음부터 새로운 철학이었다고 말할 수 있습니다. 다시 말해서 기존의 철학과는 전혀 다른 ‘인간으로서 잘 살기’ 를 위한 새로운 가르침이었던 것입니다. 이것은 유대교나 이방인들의 관점과는 완전히 다른 새로운 것이었습니다.

인간이 참으로 잘 살기 위한 ‘삶의 기술’ 이 무엇인지를 규명하고, 이 가르침에 대한 이해를 항상 의식하면서 살기 위해서는 하나님은 물론 세계와 일반적 존재인 인간 그리고 개별적 존재인 인간 자신에 대한 지식이 필요합니다. 왜냐하면 인간 존재와 삶의 의미에 대한 규명은 이러한 사물들에 대한 지식의 그물망 안에서만 가능하기 때문입니다. 인간 존재를 이러한 존재와 관계의 그물망 안에서 이해하기를 거부할 때 인생은 그 의미를 설명할 수 없게 됩니다. 철학사에서 인간 존재를 이러한 관계망 안에서 보지 않고 그냥 우연한 존재 혹은 단지 보편체의 구성자로 보는 견해가 있었습니다.

실존주의 철학자인 하이데거(Martin Heidegger, 1889-1976)는 인간을 그냥 우연히 던져진 '피투성'(被投性, geworfenheit)의 존재로, 사르트르(Jean-Paul Sartre, 1905-1980)는 인간을 '잉여 존재'(l'être de trop), '여분의 존재'(l'être surnuméraire)로, 헤겔(Georg Wilhelm Friedrich Hegel, 1770-1831)은 인간을 역사적으로 보편적인 존재를 구성하는 개체로, 라이프니츠(Gottfried Wilhelm Leibniz, 1646-1716)는 비록 무창(無窓)의 단자(單子)들의 예정 조화설(Preestablished harmony)을 주장하기는 하였지만, 결국 단자론(單子論, Monadologie)을 주장하며 인간을 개체적인 실체로 보았습니다. 이들이 모두 인간의 단절성을 주장했던 철학자들입니다.

그러면 현대 사상이 이렇게 관계망의 단절을 강조하는 근거는 무엇일까요? 그것은 바로 인간의 자유와 자율을 강조하기 위해서입니다. 인간 존재의 의미를 관계망 안에서 이해하지 않으려고 하는 것은 현대 철학의 일반적인 정신입니다.

역사적으로 동서양을 막론하고 전통적인 철학은 인간으로서 '잘 사는 것'이 데카르트나 하이데거, 사르트르가 강조하는 고립된 자아로서가 아니라 다른 사람들과의 공동체 안에서 성취될 수 있는 것으로 보았습니다.

철학사적으로 데카르트의 영혼과 육체를 철저히 분리하여 인간

궁전 안쪽에서 문고리를 통해 내다본 바깥 풍경. 인간 존재의 의미는 단절된 존재로서는 발견할 수 없고 타자와의 관계망 안에서만 비로소 찾을 수 있다. 다시 말해 타자와 관계 맺은 나 없이는 나의 정체성을 규정할 수 없다.

존재를 이해하는 이원론적 사상이나 인간 존재의 단절성에 대한 강조는 또 다른 반대편의 사상들의 출현을 위해 길을 열어 놓은 셈이 되었습니다. 영혼과 육체의 단절성에 대한 강조는 둘이 어떻게 서로 관계를 갖는지에 대한 범신론적 설명을 불러들였으니 세계가 곧 이성이고 신이라는 스피노자의 주장이 바로 그와 같은 것들입니다. 그는 일평생 인간들이 쉽게 빠져드는 '예속'의 문제와 맞서 싸웠던 인물입니다. 그 어떠한 예속에도 굴복하지 않을 때에 인간은 비로소 자유를 누릴 수 있는 존재라고 보았기 때문입니다.

데카르트는 인간을 '코기토 에르고 숨'(*Cogito ergo sum*) 곧 독립적으로 생각하는 존재라고 보았는데, 이는 존재하는 모든 사람이 생각의 주체들이며 그들의 이성의 판단이 진리 수납을 위한 각자의 근거가 된다는 것을 의미합니다. 다시 말해서 '코기토 에르고 숨'을 자처하는 수많은 개별자들이 있다는 말입니다.

이로써 수많은 단절된 개인이 어떻게 다른 사람들과의 관계를 설정할 것인가 하는 질문이 대두되었는데, 로크(John Locke, 1632-1704)나 홉즈(Thomas Hobbes, 1588-1679), 루소(Jean-Jacques Rousseau, 1712-1778)와 같은 사상가들은 이 문제를 사회계약론으로 풀었습니다. 그들의 사상은 프랑스 대혁명을 비롯한 근대 시민 자유사상의 이론적 토대가 되었습니다.

결국 인간이라는 존재의 독립성을 아무리 강조해도 인간은 고립된 자아가 아니라 다른 사람들과의 관계 속에서 존재의 의미를 발견할 수밖에 없다는 사실을 보여줍니다.

인간으로서 '잘 사는 것'을 공동체 안에서 성취되는 것으로 본 견해는 동북아 철학에서 계승되고 있는데, 중국의 춘추전국 시대를 풍미하던 제자백가(諸子百家)들의 사상을 보면 한결같이 인간의 행복을 '공동체 안에서 이루어지는 관계'에서 찾고자 했다는 사실을 확인할 수 있습니다.

그러나 데카르트 이후의 철학은 이러한 전통적인 견해를 거부합니다. 현대 철학이 관계망의 단절성을 강조하는 이유는 '나'라는 인간 존재의 의미를 자신 바깥에서 찾기를 원하지 않기 때문입니다. 이러한 사상은 개인의 이익을 침탈하는 도덕 체계의 구축을 경계하는 것으로, 자기 바깥에서 존재 의미가 규정되고 부여되는 질서와 가치 판단의 망 속에 들어가는 것은 곧 인간의 자기 중심적인 세계관과 상충한다는 믿음을 근거로 합니다.

인간의 단절성을 주장하는 철학자들은 일반적으로 인간의 자유에 대한 억압과 자율에 대한 침해가 관계망을 강조하는 것에서부터 비롯된다고 생각하였습니다. 관계망을 강조하면 그 관계 안에서 타자에 대한 의무를 요구하게 되고 이것은 반드시 개인의 이익 문제와 관련하여 거대한 기득권을 형성하여 결과적으로 개별적인 인간의 자유를 억압하게 된다고 보았던 것입니다. 현대 사상들이 정도의 차이는 있으나 권력을 부정하는 아나키즘(Anarchism)의 요소를 가지고 있는 것도 바로 이 때문입니다.

그렇지만 기독교의 가르침은 인간의 '잘 사는 것'을 하나님과 세계와 모든 만물을 아우르는 관계망 속에서 설명합니다.

기독교의 신앙이 이 세상 가운데 힘 있게 전달되기 위해서는 그 안에 정확하게 우주의 기원, 인간 존재의 의미, 도덕률의 근거와 잘 사는 삶의 기술을 묻는 철학적인 질문들에 대한 충분한 답변이 담겨 있어야 합니다. 그리고 그 답변은 기독교 신앙을 받아들인 그리스도인들이 믿고 의지하기에 충분하여야 합니다. 비기독교인과도 소통할 정도의 보편적 설득력도 갖추고 있어야 합니다. 물론 이성을 초월하는 진리의 영역에 대해서는 여전히 믿음을 요구하지만 말입니다.

이러한 기독교 신앙의 원리에 대해 성경은 다음과 같이 말합니다. "너희 마음에 그리스도를 주로 삼아 거룩하게 하고 너희 속에 있는 소망에 관한 이유를 묻는 자에게는 대답할 것을 항상 준비하되 온유와 두려움으로 하고 선한 양심을 가지라 이는 그리스도 안에 있는 너희의 선행을 욕하는 자들로 그 비방하는 일에 부끄러움을 당하게 하려 함이라"(벧전 3:15-16).

여기서 "너희 속에 있는 소망에 관한 이유를 묻는 자에게는 대답할 것을 항상 준비하되"라는 구절은 정확하게, 기독교 신앙에서 본 인생관과 세계관을 포괄하는 총체적인 가르침에 대한 지식의 준비를 의미합니다. 더욱이 이러한 교훈을 유대인들에게 강조한 사람이 바로 "학문 없는 범인"(행 4:13)으로 알려진 베드로 사도라는 것은 우리가 더욱 눈여겨볼 사실입니다.

베드로전서의 이 말씀은 그리스도인의 지성, 윤리, 영적인 삶에 관해 최소한 다음 몇 가지 사실을 적절하게 제시해 줍니다. 첫째, 그리스도와의 연합에 기초한 거룩한 생활, 둘째, 천국에 대한 영적

걸어가는 두 사람이 다정해 보이는 것은 거기가 황량한 벌판이 아니라 수목 우거진 아름다운 길이기에 그리 느껴지는 것이리라. 사랑은 또 다른 관계에 의해서 완성된다.

인 소망으로 가득 찬 일상의 삶, 셋째, 기독교 신앙의 총체적인 내용에 대한 이해와 변증의 준비, 넷째, 이교도와 불신자들에 대한 온유한 사랑과 하나님의 심판에 대한 두려움, 다섯째, 선한 양심을 따르는 윤리적인 삶이 바로 그것입니다.

기독교 신앙의 목표는 인간의 참된 행복입니다. 그러나 그 행복은 타자와 단절된 자기 중심적이고 자아도취적 행복이 아닙니다. 하나님을 향하여 잘 살기 때문에 그가 이 세상에 살아 있는 것이 하나님께서 세계를 창조하신 목적에 이바지함으로써 하나님께 영광이 되고 이웃을 행복하게 한 삶 안에서 누리는 행복입니다.

이 세상을 향한 그리스도인의 최고의 섬김은 올바르게 행복한 존재가 되는 것입니다. '현존이야말로 최상의 선포'(The presence is the best proclamation)이기 때문입니다.

인간이 진정으로 행복하기 위해서는 하나님의 의도를 따라 하나님과 인간, 자연세계와 올바른 관계를 맺으며 살아가야 하며, 그렇게 하기 위해서는 하나님께서 창조하신 세계 안에서 사물들의 질서에 대한 이해와 사랑이 필요합니다. 인간의 모든 불행은 이러한 신적 질서에 대한 무지와 자기가 설정한 잘못된 질서에 대한 사랑에서 비롯됩니다. 우리가 인간 존재의 의미를 사물들의 질서 안에서 이해하지 않으면 안 되는 이유도 바로 이 때문입니다.

제2장 질서 안에 있는 인간 존재

이 세계 안에 깃든 하나님의 질서 속에서 하나님의 영광을 바라보고 있습니까?

자연적 사물들은 자연 질서 안에서, 도덕적 사물들은 도덕 질서 안에서 그 아름다움을 드러내며 하나님께서 창조하신 세계에 하나님의 영광을 보여줍니다. 인간은 하나님의 창조의 목적을 지성으로 이해하고 자연세계를 선량한 관리자로서 통치함으로써 피조세계의 선함과 아름다움을 증진시켜 나갑니다. 기독교는 이러한 신적 질서와 이 속에 깃든 인생의 이치에 대한 가장 탁월한 지혜를 인간에게 제시해 줍니다.

MAN AND LIVING A GOOD LIFE

질서(秩序, order)란 사물 사이에 있는 존재와 작용의 관계입니다. 먼저 우리는 하나님 자신이 삼위와의 관계 안에서 존재하신다는 사실을 기억할 필요가 있습니다. 하나님의 존재가 삼위일체인 이유는 하나님께서 서로 관계를 맺는 위격들 안에서 하나님 자신과 그리고 세계와 관계를 가지시기 때문입니다.

하나님께서는 본질에 있어서 초월적이고 신적이기 때문에 세 위격들 사이의 관계도 초월적이고 신적일 수밖에 없습니다.

역사적으로 삼위일체의 신비를 이 세상에 존재하는 사물들을 비유로 삼아서 설명해 보려는 모든 시도들이 실패한 것도 바로 이러한 이유 때문이었습니다. 위대한 교부인 아우구스티누스(Aurelius Augustinus, 354-430)는 『삼위일체론』(*De Trinitate*)에서 인간의 심리적 기능을 사용해서 삼위일체의 신비를 설명해 보려고 했습니다. 중세 스콜라주의

식물의 잎사귀가 질서 있게 뻗어 있다. 그래서 이탈리아의 수학자인 레오나르도 피보나치(Leonardo Fibonacci, c1170-c1250)는 "이 세계는 신이 수열을 가지고 놀이를 한 것이다."라고 했던가! 절대적 타자로서 존재하는 그 어떤 피조물도 창조주에게 비견될 수 없으나, 또한 존재하는 모든 것은 어떤 식으로든지 창조주이신 하나님을 본뜨며 존재한다. 만물의 아름다움 역시 하나님께서 부여하신 질서, 조화, 균형에 있다.

신학의 금자탑을 쌓았던 토마스 아퀴나스(Thomas Aquinas, c1225–1274)는 이러한 유비를 자신의 책 『신학대전』(*Summa Theologiae*)에서 조직적으로 사용하였습니다.

아우구스티누스가 삼위일체를 설명하기 위해 차용한 유비는 가장 포괄적으로 '있음(*esse*)–앎(*nosse*)–사랑함(*amare*)' 입니다. 그러나 그는 또 다른 다양한 유비들을 사용하였는데, '사물(*res*)–바라봄(*visio*)–정신의 주의(*animi intentio*)' 와 같은 유비가 바로 그것입니다. 이러한 유비는 아우구스티누스 이전에도 순교자 유스티누스(Justinus, c100–165), 오리게네스(Origenes Adamantios, c185–c254), 테르툴리아누스(Tertullianus, c160–c220)와 같은 신학자들에 의해서 이미 시도되었습니다.

아우구스티누스는 이것들뿐만 아니라 '사랑하는 자(*amans*)–사랑받는 자(*quod amatur*)–사랑(*amor*)', 혹은 '지성(*mens*)–사랑(*amor*)–지식(*notitia*)', '기억(*memoria*)–이해(*intelligentia*)–의지(*voluntas*)', 그리고 '사랑하는 자(*amans*)–사랑(*amor*)–지식(*notitia*)' 등의 유비를 제시하기도 하였습니다.

그러나 이러한 고전적인 심리학적 유비들이 삼위일체를 설명하는 데 부분적으로 적합성을 가지고 있다고 할지라도 전체적으로 볼 때 삼위일체 안에서 세 위격들의 관계를 설명하기에 적합하지 않습니다. 삼위일체 교리의 부흥 시대라고 할 수 있는 현대에 와서도 대부분 현대 신학자들에 의해 이러한 유비들은 거부되거나 변형되어 나타납니다. 그 어떠한 유비도 모든 피조물들을 초월하는 삼위일체의 신비를 설명해 주지 못하기 때문입니다.

사실 하나의 신적 본질 안의 세 위격은 피조물 안에서는 결코 재현될 수 없는 관계입니다. 따라서 절대적인 의미로 이 세상의 어떤 사물들의 관계도, 심지어 인간의 영혼과 정신까지도 삼위일체 하나님의 위격의 관계를 정확히 반영할 수는 없습니다.

그러나 상대적인 의미로 이 세상 모든 만물의 관계는 하나님의 세 위격의 관계를 희미하게나마 반영합니다. 그래서 우리는 이 세계를 '삼위일체의 모상'(*imitatio trinitatis*)이라고 부를 수 있습니다. 아니, 정확히 말하자면 세상의 모든 만물 중 이와 같은 의미에서 하나님의 존재를 본뜨지 않은 채 존재하는 것은 아무것도 없습니다.

티끌 같은 물질인 분자와 원자, 렙톤(lepton)과 쿼크(quark)에서 시작하여 우주를 휘돌아 하나님 자신에게로 회귀하는 하나님의 사랑에 이르기까지, 물질적인 것과 정신적인 것과 영적인 것을 총망라하여 존재하는 모든 것의 관계는 하나님의 관계적인 존재의 모상이며, 어떤 사물도 이러한 관계의 질서 없이는 존재하지도, 작용하지도 않습니다. 모든 자연적 사물들과 영적인 것들이 하나님 안에서 창조되었기 때문입니다. 다시 말해서 칼빈이 지적한 바와 같이 하나님께서 모든 지식의 근원이시기 때문입니다.

이러한 사물들의 존재와 작용의 질서를 탐구하는 것이 바로 학문입니다. 그리고 인간이 학문 활동을 통해 규명하려는 진리는 이러한 질서의 현상뿐 아니라 이 질서가 마땅히 존재해야 하는 당위(當爲)와 관련됩니다. 예를 들어 물리학은 물질 사이의 운동과 작용에 관한 질서를 탐구하는 학문이며, 생물학은 생명체의 존재와 작용의 질서를 탐구하는 학문입니다.

생물학이 단지 생명체의 존재와 질서를 다룬다면, 생명 윤리학은 이러한 생명 현상에 개입하는 인간 행위의 도덕적 규범을 다룹니다. 경제학은 인간의 경제 행위와 사회의 경제 현상에 대한 인과관계를 다루지만, 규범 경제학은 이러한 행위와 현상의 도덕적 판단과 이에 대한 인간의 도덕적 의무를 다룹니다.

물론 전통적인 윤리학에서와 달리, 현대 윤리학 특히 메타 윤리학에서는 더 이상 당위의 문제가 윤리학의 주제가 될 수 없다고 보기도 합니다. 나아가 대다수의 윤리학자들은 윤리학이 더 이상 도덕의 근거나 당위의 문제를 다루지 않는다고 생각합니다. 그러나 전통적인 의미에서 윤리학은 윤리의 본질과 작용의 질서를 탐구하는 학문입니다.

그런데 질서는 물질세계에만 존재하는 것이 아니라 인간의 정신과 심리 영역에서도 뚜렷이 존재합니다. 오늘날 인간의 육체와 정신의 밀접한 관계들 사이에 있는 법칙들이 관심을 끌고 있습니다. 대체로 물리주의(Physicalism)나 자연주의(Naturalism)에 입각하여 정신과 육체의 관계를 설명하려는 시도들입니다. 힐러리 퍼트넘(Hilary W. Putnam, 1926-)이 지적한 바와 같이 현대 철학에서 지배적인 영향력을 행사하는 형이상학적 전망은 유물론(Materialism)과 상대주의(Relativism)입니다. 스스로 유물론자임을 자처하는 미국 철학도 거의 없고, 또 스스로를 상대주의라고 일컫는 프랑스 철학자도 없지만 실제로 분석 철학에서는 물리주의 혹은 자연주의는 유물론과 동의어가 되었습니다.

수반 물리학(Supervenience physics)의 설명은 인간의 육체와 정신 사이의 밀접한 법칙들을 보여줍니다. 다시 말해서 인간의 마음의 작용이 어떻게 신체의 물리적 성질들과 관련을 맺고 있는지를 설명해 줍니다.

현대 심리 철학에서 '심성'(mentality)이라는 용어는 우리가 '정신' 혹은 '심리'라고 부르는 기능 안에서 일어나는 현상들을 통칭하는 것으로서 감각, 생각, 추리, 결정, 의지, 지향성, 감정 체험 등을 모두 포함합니다.

오늘날에는 '심성'이라는 말이 데카르트 이래로 심신 이원론을 주장하던 사람들이 사용하던 '영혼'이나 '마음'보다는 정신적 성격이 약한 것을 가리킵니다. 퍼트넘의 연구 성과 이래로, 오늘날 인간의 심성을 연구하는 대부분의 과학자들은 이제 마음의 작용이 단순한 물리적 뇌의 작용이라는 심신 동일론 혹은 두뇌 상태론을 넘어서고 있습니다. 다시 말해서 물리학의 틀 안에서 마음의 작용을 설명하는 것과 함께 인간의 독특한 능력인 마음의 작용들을 함께 이해하고자 노력합니다.

또한 사물들이 갖고 있는 질서와 아름다움, 그것을 인식하는 미적 감각의 작용들의 관계를 연구하는 학문이 있습니다. 이와 관련된 학문이 미학인데, 아름다움의 정체와 기준을 연구하고 그것을 인식하는 주체인 인간의 심미적인 작용의 질서를 탐구합니다. 인간의 생각과 관념은 지성 안에서 서로 연관되어 질서 있게 작용하고, 인식의 범주 안에서 사물들을 객관화시킵니다.

이러한 인식의 작용들이 다른 생각이나 관념과 함께 체계와 연관을 이루고 있다고 여기는 것은 지극히 합리적인 추론입니다. 그리고 이 모든 것은 질서가 물리적인 사물이나 사실들의 관계에만 관여하는 것이 아니라, 인간 내면의 생각이나 관념에도 관여하고 있음을 보여줍니다.

그러면 이제 사물들 사이에 있는 목적 연관과 질서를 하나님의 도덕 의지에 적용해 봅시다. 만약 창조된 자연 사물이 이처럼 서로 관계를 맺고 작용하는 질서를 가지고 있어서 그것을 통해 자연세계의 아름다움을 드러내시는 하나님의 의도를 성취해 간다면, 하나님께서 도덕적 피조물인 인간들이 서로 관계를 맺고 도덕을 증진하는 방식으로 목적 연관을 가지고 인간을 창조하신 의도를 성취해 가신다고 상정하는 것은 매우 이성적인 결론입니다.

자연적 사물들은 자연 질서 안에서, 도덕적 사물들은 도덕 질서 안에서 그 아름다움을 드러내는 것이 바로 하나님께서 창조하신 세계에 하나님의 영광을 드러내는 것입니다. 인간은 이러한 두 가지 질서를 이해하고 관계를 맺을 수 있는 능력을 가졌는데, 이것이 바로 인간 존재의 탁월성입니다.

하나님께서 인간을 창조하신 것은 사회를 만들기 위함이었습니다. 하나님께서는 최초의 인간이 혼자 사는 것을 좋아하지 않으셨습니다(창 2:18). 오히려 땅을 두루 덮을 정도로 많은 인류가 번창하도록 생육하고 번성하여 함께 살게 하셨습니다. 그리고 그들이 건설하는 사회 안에서 이루어지는 질서와 그 질서 속에서 살아감으로써 전체적으로 이 세계를 창조하신 하나님의 궁극적인 목적이 실현되기를 의도하셨습니다. 그렇다면 그러한 신적인 의도는 분명히 질서와 관련이 있습니다.

다시 말해서 인간 개개인이 사람으로 온전한 것과 그들이 모여서 이루어지는 사회의 온전함은 밀접한 관계가 있다는 것입니다. 그 밀접한 관계는 서로 덕(德)의 힘으로써 작용하는 질서인데 이를 통하여 하나님께서 창조하신 세계의 두 아름다움 곧 자연적 아름다움과 도덕적 아름다움은 증진될 것이었습니다. 이를 위해서는 인간이 다른 피조물들과는 구별되는 매우 특별한 자질을 부여받지 않으면 안 되었습니다.

인간은 다른 피조물들과 달리 지상세계와 천상세계를 알고, 하나님과 다른 인간 그리고 자연세계와 바르게 관계를 맺을 수 있는 능력을 지녔습니다. 하나님께서 인간을 지해(知解), 곧 알고 이해하는 능력을 지닌 존재로 창조하셨기 때문입니다. 하나님께서는 자연과 인류 세계에 신적인 질서를 심으셨을 뿐 아니라 그 질서가 인간에게 알려지는 것을 기뻐하셨습니다. 왜냐하면 그 질서의 발견은 곧 하나님의 아름다움을 발견하는 것으로 그분의 지혜와 능력에 대한 찬양으로 이어질 것이기 때문입니다.

그래서 하나님께서는 인간에게 물질세계와 정신세계를 이해할 수 있는 능력을 주셨습니다. 다만 인간의 영혼이 갖는 이 지해의 능력은 타락으로 현저히 파괴되었기에 신적인 질서, 즉 하나님의 거룩한 성품과 인간 안에 심겨진 희미한 하나님을 아는 지식이 밝은 이해로 이어지려면 성경 계시를 깨달을 수 있도록 우리 마음을 조명하시는 성령님의 도우심이 필요합니다.

인간이 자연적인 법칙들을 아는 데 있어서는 그 능력이 여전히 신뢰할 만큼 남아 있지만, 도덕적인 법칙들을 아는 데 있어서는 그 능력이 현저히 부족해졌습니다. 더욱이 하나님의 존재와 성품을 알고 그분의 거룩하심과 아름다움을 아는 신령한 지식에 있어서는 소경과 같은 존재가 되고 말았기 때문에 바깥으로부터 오는 하나님의 도우심 없이는 결코 하나님을 제대로 알 수 없습니다.

인간은 하나님의 마음을 이해하고 사랑하며 그분의 도덕 의지를 세계의 자연적인 질서와 사회적인 질서 안에서 구현하도록 부름받았습니다. 이러한 능력의 근원은 인간 안에 부여하신 '하나님의 형상'(*imago Dei*)에 있습니다.

성경은 하나님의 형상을 하나님의 '형상'(*tselem*)과 '모양'(*demuth*)으로 나누어 설명합니다(창 1:26). 여기서 두 단어는 같은 의미를 가진 말의 반복, 곧 동어반복(tautology)으로 이해해야 합니다. 여기서 '하나님의 형상'이란 하나님을 닮은 특성을 가리키는데 초대교회 교부들은 대체로 이것이 '인간의 합리성, 도덕성, 거룩성'을 의미한다고 보았습니다.

인간의 행복은 하나님에 대한 절대 의존 안에 있다. 그러나 그것은 절대자에 대한 맹목적 굴종이 아니다. 지성으로써 하나님의 지혜 앞에 굴복한 사람들이 하나님께 드릴 수 있는 절대 의존의 표현은 성경을 사랑하고 간절히 기도하는 것이다. 그 속에서 하나님과 이웃들과 더불어 올바른 관계를 맺으며 살아갈 힘을 얻게 된다.

'형상'과 '모양'을 구분하여 전자를 신체의 특징에, 후자를 영혼의 특징에 관계된 것이라고 생각한 교부들도 있었지만, 오리게네스나 아타나시우스(Athanasius, 295-373), 아우구스티누스 같은 교부들은 '형상'은 본래 인간에게 주어진 인간다운 특성을 의미하고 '모양'은 본래적으로 인간에게 주어지지 않는 특성으로서 계발되기도 하고 상실되기도 하는 것이라고 믿었습니다.

그러나 칼빈은 인간의 '형상'과 '모양'을 다르게 구분하지 않았습니다. 오히려 그는 인간 안에 있는 하나님의 형상을 영혼의 올바름(*rectitudo*)과 전일성(全一性, *integritas*) 안에서 찾아야 한다고 보았습니다.

하나님의 형상은 보다 포괄적으로 이해되어야 하는데 단순하고 비가시적이고 불멸하는 영혼의 특성일 뿐만 아니라, 지성과 의지 같은 영혼의 심리적 기능들과, 나아가서 인간의 육체까지도 포함하는 것으로 이해해야 합니다. 왜냐하면 인간 존재의 가치와 인격의 존엄성에 대한 태도는 육체의 상태에까지 적용되어야 하기 때문입니다.

인간이 소유한 하나님의 형상은 하나님을 닮은 인간의 영혼과 정신의 능력으로 인간의 존엄성과 가치의 근거가 됩니다.

인간이 이러한 존엄성을 가진 효과는 인간의 영혼뿐만 아니라 육체에까지 미칩니다. 그래서 넓은 의미에서 인간이 가진 하나님의 형상은 영혼뿐 아니라 육체까지 아우르는 것입니다. 우리가 이웃을 사랑하고 섬길 때 단지 그들의 영혼 구원만 아니라 육체의 비참함을 개선하는 일에도 헌신해야 할 이유가 바로 여기에 있습니다.

인생의 의미를 규정하는 데 인간의 중심성을 강조하는 사람들은 기독교 신앙은 인간을 신의 지배 아래 있는 하찮은 존재로 생각한다고 오해합니다. 그러나 그것은 기독교와 성경의 가르침에 대한 심각한 무지와 오해에서 비롯된 것입니다. 물론 기독교는 인간에 대한 스파노자적인 낙관을 지지하지는 않습니다.

성경은 인간 자체로는 절망적인 존재라고 봅니다. 이는 인간이 스스로 하나님과의 관계를 깨뜨림으로써 소외되었고 참된 행복이신 하나님 자신으로부터 멀어졌기 때문입니다. 인간들과 올바른 관계를 맺지 못하고 자연으로부터 끊임없이 고통을 당하는 것은 복의 근원이신 하나님과의 영적인 단절 때문입니다. 그러나 하나님께서는 여전히 인간을 사랑하십니다. 그래서 당신이 창조한 인류를 구원하고자 하셨습니다. 그리고 인류에 대한 구원은 불변하는 하나님의 사랑하는 의지 속에서 실현됩니다.

기독교는 이러한 하나님의 은총 안에서 인간의 미래에 대한 낙관을 가르칩니다. 제임스 패커(James I. Packer)가 "기독교야말로 최고의 휴머니즘이다."라고 말한 것도 바로 이 때문입니다.

기독교에서 가르치는 인간의 가치는 단지 신에게 노예처럼 봉사하는 것도 아니며, 교회의 뜻을 이루는 부속물이나 수단은 더 더욱 아닙니다. 인간은 한 사람 한 사람이 하나님과 올바른 관계를 맺으면서 그분께 사랑받고 또 사랑하며 살도록 창조된 존엄한 존재입니다. 생각해 보십시오. 하나님께서는 인간들에게 당신을 사랑하라고 명령하셨습니다(마 22:37). 심지어 성경은 "누구든지 주를 사랑하지 아니하면 저주를 받을지어다"(고전 16:22)라고까지 말합니다. 그런데 만약 하나님께서 우리 인간들에게 사랑을 받지 아니하시면 무엇인가 부족한 상태가 되시는 분이시라면, 그분이 어찌 무한하고 완전한 하나님이실 수 있겠습니까! 그래서 아우구스티누스는 자신의 『고백록』(*Confessiones*)에서 다음과 같이 말하였습니다.

> 당신은 나의 무엇이십니까? 내가 말씀드리겠사오니 어여삐 여겨 주시옵소서. 내가 당신의 무엇이기에 나 같은 인간에게 당신을 사랑하라 명령하시고, 그렇게 아니한다면 진노하시고 커다란 징벌을 내리실 듯이 경고하시나이까? 내가 당신을 사랑하지 않는 것이 당신에게 작은 비참함이라도 된다는 말씀입니까? 결코 그렇지 아니하지 않습니까!

하나님께서 인간들에게 당신을 사랑하라고 말씀하심은 당신 자신을 위해서가 아니라 인간이 하나님을 사랑함으로써만 진정으로 행복해질 수 있기 때문입니다. 하나님께서는 우리에게 사랑받지 않으셔도 잃어버릴 것이 없으시지만, 인간은 하나님을 사랑함으로써만 참된 행복에 도달할 수 있습니다. 다시 말해서 하나님께서 우리 인간에게 당신을 사랑하라고 명하심은 우리를 진정으로 사랑하시기 때문입니다.

그가 비록 극악무도하게 죄 짓고 이웃에게 회복할 수 없는 손해를 입혔다고 할지라도, 그는 여전히 하나님의 형상과 모양을 지닌 채 하나님의 사랑을 받는 존재입니다. 그래서 하나님께서는 죄인들을 거듭나게 하셔서 당신의 은혜로 살게 하십니다. 그 안에서 인간의 존엄성과 가치는 가장 빛나게 됩니다.

인간을 향한 하나님의 우주적인 구원 계획은 인간 안에 있는 파괴된 하나님의 형상을 회복하는 일부터 시작됩니다. 예수 그리스도를 통한 인간 구원은 인류 안에 있는 하나님의 형상을 회복하기 위한 하나님의 구원 행동이셨습니다.

인간의 영혼은 단순성, 비물질성, 비가시성, 그리고 불멸성의 자질(*qualitas*)을 갖추고 있습니다. 인간은 영혼의 심리적인 능력과 기능으로 지성과 의지의 능력을 갖는데, 이 지성과 의지 안에 하등한 인간의 욕망을 통제할 수 있는 고등한 능력이 있습니다. 창조 때 인간의 지성은 명정(明正)하며 온전하였고, 의지는 올곧음(uprightness) 안에서 참되고 온전한 사랑을 지니고 있었습니다.

이처럼 인간은 하나님께서 지정하신 질서 안에서 행복한 존재가 되도록 창조되었습니다. 인간의 아름다움은 이렇게 질서 속에서 하나님과 올바른 관계를 맺으면서, 생명과 사랑을 공급받으며 다른 사람들과도 올바른 관계를 맺는 데 있었습니다.

인간은, 세계 창조에 대한 하나님의 계획을 지성으로 이해하고 자연세계를 선량한 관리자로서 통치함으로써 선함과 아름다움을 증진하면서 행복을 누리도록 존귀한 존재로 창조되었습니다. 기독교는 이러한 질서와 인간이 행복하게 살아갈 수 있는 인생의 이치에 대한 가장 탁월한 지혜를 가르쳐 줍니다.

나와 상관없이 단절된 모든 사람들이 사실은 한 가족처럼 사랑하며 살았어야 할 존재들임을 생각하면 가장 먼 이웃도 낯설지 않다. 인간의 존엄과 가치는 그의 지위나 소유 혹은 재능에 달린 것이 아니라 그 사람 안에 있는 하나님의 형상으로 말미암는다. 참된 경건은 이웃 안에서 하나님의 형상을 발견하고 사랑하는 것이다.

제3장 인간의 행복과 관계 맺음

인간은 누구이며, 인간의 행복은 무엇입니까?

하나님께서 인간에게 지정하신 행복은 하나님과 이웃, 창조세계 만물과 올바른 관계를 맺는 가운데 누리는 하나님 자신의 확장된 행복입니다. 인간의 참된 행복은 하나님 안에서 다른 사람들과 올바른 관계를 맺음으로써 자신뿐만 아니라 이웃들도 하나님의 행복 안에서 살게 하는 데 있습니다.

MAN AND LIVING A GOOD LIFE

참된 행복은 본질적으로 복되신 삼위일체 안에 있습니다. 창조세계의 모든 것은 삼위일체 하나님께로 수렴됩니다. 왜냐하면 하나님은 존재하는 모든 것의 원인이시요 목적이시기 때문입니다.

행복의 근원이신 하나님의 복되심은 인간이 당신과 맺는 관계 안에서 인간에게로 확장됩니다. 또한 하나님의 복되심은 하나님과의 올바른 관계를 토대로 하여 이웃과 맺는 올바른 관계를 통해 모든 인류에게로 확장됩니다.

인생의 행복이 요동치는 이 세상의 사물들이 아니라 영원하고 불변하신 하나님 안에 있다는 것은 얼마나 감사한 일인지요. 행복의 근원이신 하나님과의 관계 안에서 모든 인류가 복된 삶을 누리는 것이 하나님께서 인간을 창조하신 이유 가운데 하나입니다.

초점을 맞추지 못한 채 찍은 밤거리 풍경. 진리에 대한 감각은 희미하게나마 모든 사람에게 남아 있다. 행복을 향한 인간의 열망 역시 그러하다. 인간의 행복은 끊임없이 변화하는 삶의 사태들 속에서 요동하지 않을 수 있게 하는, 인생의 의미에 대한 확고한 관점을 갖는 데서 출발한다.

인간과 존재의 질서

인간은 하나님께서 창조하신 존재의 질서 속에 있습니다. 그 존재의 질서는 곧 가치의 질서입니다. 그런데 여기서 한 가지 의문이 떠오릅니다. 인간은 행복의 근원이신 하나님께서 창조하신 존재의 질서 속에 있는데, 왜 그 안에서 행복을 느끼지 못하는 것일까요? 그것은 인간에게 하나님께서 창조하신 존재의 질서를 이탈하려는 욕망이 있기 때문입니다. 인간이 스스로 행복해질 수 없는 이유가 여기에 있습니다.

어떤 의미에서 인간의 모든 불행은 행복해지려는 의지 때문에 생겨납니다. 인간의 불행은 하나님 바깥에서, 하나님 없이, 바르지 않게 행복해지려는 데서 생겨나는 것입니다. 인간은 불완전한 존재이기 때문에 객관적으로 선한 것과 주관적으로 아름다운 것이 일치하지 않습니다. 이는 이미 플라톤(Platon, BC 427–BC 347)이 다음과 같이 질문한 바와 같습니다. "왜 사람들은 선한 것보다 아름다운 것에 끌리는 것일까?"

플라톤은 자신의 책 『파이드로스』(*Phaidros*)에서 소크라테스의 입을 빌려 아름다움과 그에 대한 기억, 시각(視覺)과의 관계에 대해 말했습니다. 즉, 인간에게는 진정한 아름다움에 대한 선험적인 감각이 있는데 지상의 모든 보이는 것들(visions) 중에서 가장 광휘롭게 빛나는 아름다움(beauty)과 마주할 때 그 선험적 감각이 깨어나게 된다는 것입니다. 그런데 지상에 내려온 인간의 가장 예민한 감각기관은 시각(sight)으로, 인간은 지상의 아름다움이 시각을 통해 명징하게 다가올 때 가장 큰 자극을 받습니다. 이 때문에 인간은 '선한 것' 보다는 '아름다운 것' 에 더 쉽게 마음이 끌리게 됩니다.

그러므로 인간의 문제는 아름다운 것을 인식하는 능력보다 무엇이 진정으로 아름다운 것인지를 판단하는 지혜가 부족한 것입니다. '아름다움' 을 인식하는 것은 육체의 시각만으로도 이루어지는 일이지만, '선함' 이 무엇인지를 판단하는 것은 시각뿐 아니라 지혜가 필요한 일이기에, 때때로 인간은 선하지 못한 것에서 아름다움을 느끼기도 하고 선한 것을 아름답지 않게 느끼기도 합니다.

플라톤이 『향연』(*Symposion*)에서 육체의 임신과 영혼의 임신의 비유를 제시한 것도 바로 아름다운 것과 선한 것에 대한 인간의 끌림의 불일치를 가르쳐 주기 위함이었습니다. 플라톤은 육체의 임신이 여인의 아름다움에 감각적으로 끌려 아기를 낳는 것이라면, 영혼의 임신은 진리의 아름다움에 끌려 절제와 정의의 덕을 낳는 것이라고 설명했습니다. 그러면서 인간이 참으로 잘 살기 위해서는 도덕적으로 선한 것이 그의 마음에 아름다운 것으로 느껴져 진심으로 끌리게 되어야 한다고 했습니다.

학생의 본분은 학문을 배우고 인격을 도야하는 것이고 그것들에 몰두하는 것이 선한 것입니다. 그런데 그가 그 선한 일보다 컴퓨터 게임에 더욱 몰두하는 것은 그것을 하는 것이 더 아름답게 보이기 때문입니다. 거기서 더 많은 만족과 행복을 누릴 수 있다고 믿기 때문입니다.

인생의 모든 불행은 인간으로서 '잘 사는 것'이 무엇인가에 대한 진지한 질문과 바른 대답 없이 그릇된 방식으로 행복해지려는 데서 생겨납니다. 남의 물건을 도둑질하기 위해 살인을 저지른 사람조차도 당시에는 그렇게 하는 것이 자신에게는 좋아 보였기 때문에 그리한 것입니다.

선과 악에 대한 절대적인 기준을 인정하지 않는다면 주관적인 '좋음'과 '나쁨'이 기준이 될 수밖에 없습니다. 실제로 인간의 삶은 지식보다는 욕망에 의하여 추동됩니다. 인간의 현실적인 욕망이 하나님께서 지정하신 질서를 이탈하고자 할 때, 하나님께서 지정하신 질서는 그에게 숨 막히는 억압이 되는데 이는 그 억압의 느낌이 이탈하고자 하는 욕망의 크기와 비례하기 때문입니다.

인간이 끊임없이 하나님께서 지정해 주신 존재의 질서를 이탈하려는 것은 결국 자신이 하나님처럼 되고 싶기 때문입니다(창 3:5). 그

질서 있게 움직이는 시계는 시간과 공간에 대한 하나님의 통치를 보여주는 것 같다. 한 구간의 시간 안에서 많은 사람들이 여러 삶의 사태들을 겪어도, 그것들은 모두 특정한 시간과 공간 안에서 발생한다.

래서 인간은 자신을 우주의 중심인 것처럼 여기고 자신의 행복이 최고의 가치로 생각하며 사는데 이것이 바로 죄(罪)입니다.

이것은 하나님께서 지정하신 존재의 질서를 뒤따르는 가치의 질서를 받아들이기를 거절하고, 자기의 주관에 따라 가치의 질서를 세우는 것입니다. 인간이 이렇게 자의적인 질서를 세우는 것은 세계를 창조하신 하나님의 의도에 대한 도전이며, 신적인 질서를 전복시키려는 시도입니다. 그리고 이렇게 세워진 잘못된 질서에 대한 사랑이 바로 '악'(惡, *malum*)입니다.

하나님께서는 인간을 모든 피조물들 중 가장 탁월한 존재로 창조하시고, 최고의 영광을 인간 존재에 부여하여 오직 그만이 천상과 지상의 세계를 동시에 이해할 수 있게 하셨습니다. 그러나 그것은 인간이 하나님을 다른 피조물보다 덜 의존해도 된다는 의미가 결코 아닙니다.

오히려 인간은 그 탁월한 지성과 의지의 능력 안에서 하나님을 알고 의존하고 감사함으로써, 하나님께 영광을 돌려야 합니다. 다시 말해서 인간이 모든 피조물들 중 가장 탁월하게 하나님을 닮은 존재로 창조된 것은, 시간 속에서 소멸할 사물들을 영원의 관점에서 바라보며 창조세계에 대한 선량한 관리자로서의 의무를 다하도록 하기 위함이었습니다.

인간은 하나님께서 세계와 인류를 창조하신 목적을 따라 선과 아름다움을 증진함으로 하나님께 영광을 돌리도록 부름받았습니다. 이 일은 하나님께서 자연과 인류 세계 안에 드러내신 질서를 증진하는 일이며, 또한 죄와 타락으로 도입된 무질서를 질서로 바꾸는 일이었습니다.

하나님께서 창조세계에 두신 선과 아름다움은 창조 때 이미 드러난 현실태(actuality)인 선과 아름다움으로, 시간이 흐르면 드러나게 되는 잠재태(potentiality)와 인간의 노동을 통해 드러날 수 있는 가능태(possibility)인 선과 아름다움으로 이루어집니다. 하나님께서 인간을 창조하신 것은 세계와 인류 안에서 당신의 대리자인 인간이 바로 이러한 선과 아름다움을 증진하여 하나님의 선과 아름다움을 드러내게 하기 위함이셨습니다.

하나님께서 창조하신 세상은 하나님 보시기에 좋은 세상이었습니다. 그리고 세계 창조가 모두 끝났을 때 그 모든 사물들과 그것들 간의 질서는 심히 좋았습니다. 이는 어느 시점에서 현실적으로 드러난 것에 대한 하나님의 평가가 아닙니다. 오히려 시간을 초월하여 모든 것을 보시는 하나님의 시각에서 현재와 미래에 발현될 만물의 선함과 아름다움까지 바라보며 평가하신 것입니다.

하나님께서는 창조하신 세계의 선과 아름다움의 원저자는 당신

자신이시지만, 그것들을 증진하는 일에 인간으로 하여금 참여하게 하셨습니다. 창조세계의 선과 아름다움이 증진되는 일을 하나님 혼자 하고자 하지 않으셨습니다. 그것은 인간의 생육과 번성, 정복과 다스림을 통해 성취될 일이었습니다(창 1:28). 즉, 세계와 인류의 선과 아름다움을 유지하고 증진하여 인간과 모든 피조물들이 행복하고, 하나님께서는 그것들을 통해 영광을 받으시는 것이 인간의 창조 목적이셨습니다.

하나님께서는 인간의 노동을 통해 이미 시공간 안에 드러내신 자연적인 질서와 도덕적인 질서를 그대로 유지하시고, 드러날 수 있는 자연적인 질서와 도덕적인 질서를 드러내십니다. 인간은 행복의 근원이신 하나님과 올바른 관계를 맺으며, 하나님께서 의도하신 바에 부합하는 삶을 살아갈 때 비로소 참된 행복에 참여할 수 있게 됩니다. 그러므로 인간의 '잘 사는 것'은 인간과 세계를 창조하신 하나님의 의도에 부합하는 것이어야 합니다.

기독교 신앙에서는 '인간으로서 갖는 행복'과 '인간으로서 잘 살기'가 분리되지 않으며, 이 두 가지는 곧 '하나님과 올바른 관계 맺기'와 밀접하게 연관되어 있습니다. 그리고 '하나님과 올바른 관계를 맺는 것'은 '인간과 올바른 관계를 맺는 것'과 나아가 '자연세계와 올바른 관계를 맺는 것'을 포함합니다.

여기서 우리는 이 삼중의 대상과의 관계 맺음이 바로, 인간으로서 잘 사는 것이 무엇인지를 규정하고 또한 인간으로 하여금 인간의 존엄과 자유와 행복을 누릴 수 있게 한다는 사실을 확인하게 됩니다.

인간은 삼중의 대상, 곧 하나님과 인간과 자연세계와 관계를 맺는데, 하나님과 인간은 영적인 관계 맺음의 대상이고, 자연세계는 선량한 관리자로서 통치적인 관계 맺음의 대상입니다.

하나님과는 절대적인 사랑과 경배로, 다른 인간과는 사랑과 존중으로 관계를 맺어야 합니다. 그러므로 인간에게 하나님과 인간은 사랑의 대상입니다. 그리고 자연세계의 사물들은 통치의 대상입니다. 성경은 세계를 통치하는 인간의 행위를 두 가지로 명령합니다. 인류 자신에게는 "생육하고 번성하여 땅에 충만하라", 자연 사물들에 관하여는 "땅을 정복하라……모든 생물을 다스리라"고 하신 명령입니다(창 1:28).

성경에서 말하는 '정복하다.'(*kabash*)와 '다스리다.'(*radah*)는 전쟁을 통한 폭압적 점령이나 제왕적이고 가부장적인 통치를 의미하는 것이 아닙니다. '정복'이라는 말의 의미는 하나님께서 창조하셨으나 아직 선과 아름다움이 발현되지 않은 세계에 대한 노동과 도전을 명령하는 것이며, '다스림'은 이미 정복된 땅 안에서 자연 만물들, 특히 생명을 가진 사물들이 행복한 상태에서 자신의 창조 목적을 구현하는 세상을 만들어 가게 하라는 명령입니다. 특히 히브리어에서 이 단어는 왕이 나라를 통치하는 것을 가리키는 단어로 사용되었습니다(왕상 4:24).

여기서 우리는 인간에게 천부적으로 주어진 자연세계의 생태학적 사명을 발견하게 됩니다. '다스리라.'는 명령은 인간이 욕망에 눈이 멀어 자연세계 전체를 자신들을 위한 소모품 창고로 여기는 폭압적인 통치를 의미하는 것이 아닙니다. 오히려 선한 목자와 같은 임금이 자신처럼 자연세계의 만물들을 하나님에 의해 창조된 사물들로 여기고 그것들이 모두 개별적으로 이 세상에 존재하지 않으면 안 될 신적 의도 안에서 창조되었다고 믿는 것입니다. 그리고 그것들이 편안하고 쉼이 있는 상태 안에서 존재하고 살아 있게 해주고 궁극적으로 세계의 선과 아름다움을 증진하는 데 도움이 되도록 선량한 관리자로서 돌보는 것입니다. 그런 의미에서 자연세계는 원래 선할 뿐 아니라 또한 인간의 선량한 관리의 대상입니다.

하나님의 영광과 인류의 행복이 자연세계의 안녕과 밀접한 관계가 있기 때문에, 우리는 단순히 관리자가 아니라 하나님과 인류에 대한 사랑에서 비롯된 선한 관리자의 마음으로 자연세계를 이용하고 관리하여야 합니다.

아우구스티누스는 『기독교 교양론』(*De Doctrina Christiana*)에서 절대적으로 향유(享有, *frui*)의 대상이신 하나님, 상대적으로 향유의 대상인 인간, 사용(使用, *uti*)의 대상인 자연세계에 대한 구별을 제시하였습니다. 여기서 '향유'와 '사용'의 구분은 인간이 관계하는 사물의 가치론적이고 목적론적인 질서를 보여줍니다.

'향유'는 우리말로 '누림'인데, 이는 더 이상의 목표가 없는 최종적인 사랑에 고착된 마음의 즐거움을 의미합니다. 사랑은 자기가 좋아하는 대상에 고착하여 그것을 누리며 즐거워하려는 마음과 정신의 움직임입니다. 그런데 '향유'란 그 즐거워하는 사랑의 대상이 궁극적인 것이어야 합니다.

예를 들어 봅시다. 어떤 젊은 청년이 여성에게 접근해서 교제하기를 청했습니다. 여성은 그 청년의 준수한 외모와 매너에 끌려 서로 좋아하게 되었습니다. 사랑이 깊어져 가던 어느 해 가을 그는 드디어 사귀던 여성에게 청혼을 하였습니다. 사랑의 사연을 가득 담은 꽃다발과 함께 말입니다.

사랑의 감격에 빠진 그녀가 물었습니다. "자기, 나 사랑해?" 그는 대답했습니다. "그럼, 내가 당신을 얼마나 많이 사랑하는데……." 기쁨이 가득한 얼굴로 그녀는 다시 물었습니다. "나를 왜 그렇게 많이 사랑해?" 그때 그는 이렇게 대답했습니다. "당신 아버지가 부자잖아."

사람을 사랑하는 일은 사람을 가장 행복하게도 하고 가장 불행하게도 한다. 살아야 할 희망도, 죽고 싶은 절망도 대부분 사람을 통해서 온다. 사랑의 대상이 하나님이라면 그것은 잃어버릴 염려가 없는 사랑이나, 사랑의 대상이 인간이라면 그것은 언제나 상실할 수 있는 사랑이다. 사랑하는 사람을 잃어버린 기억은 언제나 아픔이 되어 떠난 사람의 자리에 남겨진다. 그리고 그것은 오롯이 보낸 사람이 감당해야 할 몫이다.

이렇게 되면 그 남자는 교제해 온 여성을 사랑한 것이 아니라 그녀의 아버지의 재산을 사랑한 것이고 그녀와의 결혼은 재산을 얻기 위한 수단이라는 사실을 알 수 있습니다. 다시 말해서 그녀는 사용의 대상이었을 뿐이고 향유의 대상은 재산이었던 것입니다. 임마누엘 칸트(Immanuel Kant, 1724-1804)가 "인간을 수단이 아니라 목적으로 대하라."고 충고한 것도 이러한 맥락입니다.

한 인간으로서 인생을 사는 길을 논하기 전에 먼저 익혀야 할 덕목이 있습니다. 그것은 바로 이 세상 모든 인간들이 그 우연적인 외모나 지위, 학식이나 재산의 유무와 관계없이 인간으로서 존엄과 가치를 지니고 있다는 사실을 알고 그들을 예의와 사랑으로 대하는 것입니다. 이러한 사랑은 기독교의 모든 영적 체험이나 신비한 지식을 능가하는 경건의 진수입니다.

왜냐하면 인간 안에 있는 하나님의 형상에 대한 사랑은 곧 하나님 자신에 대한 사랑이고, 하나님 자신을 순전하게 사랑하는 사람들은 하나님이 의도하신 질서를 따라서 만물을 다스리고 통치할 것이기 때문입니다.

'향유'는 '누림'이니, 곧 더 이상 아무것에 의해서도 수단이 되지 않는 궁극적인 대상 안에서의 즐거움과 만족한 쉼의 상태를 의미합니다. 그렇다면 누림을 가져다 주는 '사랑'(*amor*)이란 무엇일까요?

사랑은 '마음이 어느 사물에 고착하여 그것을 지속적으로 누리려고 하는 마음의 경향성' 입니다. 인간이 사랑해야 할 대상은 하나님 한 분만이 아닙니다. 진정으로 거듭나고 회심하여 하나님을 사랑하게 될 때 우리는 비로소 하나님과 이웃, 자연세계와 어떤 관계를 가지고 그것들을 사랑해야 할지를 깨닫게 됩니다. 그러나 그 모든 분배된 것처럼 보이는 사랑은 하나의 사랑 안에 있어야 합니다.

하나님을 향한 순전한 사랑을 희생시키지 않으면서도 어떻게 이웃들을 사랑하고 자연세계와 관계를 맺으면서, 대상을 각각 달리해도 하나의 사랑으로써 그 모든 것들이 질서 있는 연관을 가진 채 우리의 삶을 안정되고 일관성 있게 영위하는 데 이바지하게 할 수 있느냐에 대한 이해를 갖게 된다는 것입니다.

이처럼 인간의 사랑은 질서에 대한 사랑입니다. 인간의 육욕적 사랑은 개인의 자의적인 질서를 추구하지만, '까리따스' (*caritas*, 至純愛)의 사랑은 하나님께서 정하신 질서를 즐거워하고 그 안에서 사랑합니다. 왜냐하면 그 질서 안에서 사랑함으로써 궁극적 누림의 대상인 하나님을 충만하게 향유할 수 있기 때문입니다. 그리고 이것이 바로 피조물인 인간이 거룩하고 만복의 근원이신 하나님을 소유하는 유일한 길입니다(시 73:28).

우리가 신학이라는 학문을 사랑하는 것은 하나님을 더욱 사랑하

모든 사랑은 묶임이다. 사랑이 식으면 관계가 속박처럼 느껴지는 것도 바로 이러한 이유 때문이다. 인생의 참 기쁨은 가치 있는 속박 속에서 타인과 함께 살며 공동의 목표를 이루어 가고 그 과정을 통해 하나님 안에서 자신을 실현하는 것이다. 즐겁게 속박되는 인생을 사는 길은 무엇일까?

기 위한 수단이지 목적이 아닙니다. 그러므로 신학은 신자에게 궁극적인 누림의 대상이 아니므로 향유의 대상이 아닌 사용의 대상입니다.

인간에게 최종적인 누림의 대상은 하나님 한 분뿐이시니, 오직 그분만이 향유의 대상입니다. 다만 인간을 사랑하는 것은 하나님을 사랑하는 것과 분리될 수 없기 때문에, 하나님만이 절대적인 향유의 대상이며 인간은 상대적인 의미에서 향유의 대상입니다. 그 어떤 경우라도 인간은 자기 자신을 향유의 대상으로 삼아서는 안 됩니다.

우리 자신도 하나님을 제외한 나머지 다른 모든 사물들과 마찬가지로 사용의 대상입니다. 그래서 키케로(Marcus Tullius Cicero, BC 106–BC 43)는 자신의 책 『의무론』(*De Officiis*)에서 다음과 같이 말했습니다.

> 인간은 인간에게 최대의 이익을 가져다 주는 원천이기도 하고, 또한 최대의 손해를 끼치는 원천이기도 하다. 따라서 나는 누구나 이러한 상태에서 사람들의 마음을 사로잡아 자기 자신에게 유리하게 붙잡아 두는 것이 바로 덕의 속성이라고 규정한다. 그런데 생명이 없는 것과 동물을 이용하고 다루어 인간 생활에 유익하게 되도록 만드는 것은 기술에 의한 것이다.

인간의 행복과 관계 맺음

인간의 행복은 행복의 근원이신 하나님과 올바른 관계를 맺는 데 있고, 하나님께서는 관계적 삼위일체 안에 있는 행복을 인간들 사이에 수립되는 올바른 관계를 통하여 확장하십니다. 따라서 인간이 이웃과 올바른 관계 안에서 행복을 증진하는 일은 하나님과의 올바른 관계를 바탕으로 하지 않고서는 생각할 수 없습니다.

행복이라는 말은 역사적 상황이나 문화 환경에 따라서 너무나 다양한 의미로 사용되었기 때문에, 전통적으로 기독교에서는 '지복'(至福, *beatitudo*)이라는 용어로 인간이 인간으로서 누리는 최상의 행복을 설명했습니다. 이것은 본질적으로 삼위일체 안에서 누리는 하나님의 복된 상태를 가리키는데, 인간은 하나님의 은총에 덕을 입은 영혼의 활동으로써 이 복된 상태에 참여하게 됩니다.

기독교에서는 이것을 인간이 누릴 수 있는 최고의 행복이라고 보고, 이 행복을 세상 사람들이 말하는 행복과 구분하기 위해 지복이라는 용어를 사용했습니다. 그러나 이 문제에 대한 나의 생각은 다음과 같습니다.

어차피 행복이라는 용어가 사상에 따라 의미 규정을 요하는 것이라면 굳이 지복과 행복이 대척점에 있는 것처럼 구별하여 사용할 필요는 없을 것입니다. 지복이 아니라면 행복이 아니고, 행복이라면 반드시 지복이어야 하기 때문입니다.

1. 하나님과 관계 맺음

인간은 이 세계의 선과 아름다움을 증진할 존재로 창조되었고, 그 책임을 다할 수 있는 존귀한 지위를 가진 자로 하나님과의 언약 관계 속에서 부름받았습니다. 이 일을 위해 하나님께서는 인간을 하나님을 닮은 형상 안에서 자율적인 존재로 창조하셨는데, 인간은 그 자율성을 언약 안에서 하나님께 경외와 순종을 바치는 대신 자신의 욕망을 위해 존재의 질서와 가치의 질서를 전복하고자 하는 데 사용하였습니다. 이로써 인간에게 불행이 도입되었습니다.

하나님께서 인간을 창조하신 것은 관계를 맺게 하시기 위함이었습니다. 창조주이신 당신과 그리고 이웃과 관계를 맺고 자연세계를 그 관계의 목적에 맞게끔 통치하게 하시기 위함이었습니다. 하나님께서 인간을 아주 특별하게 만드신 것도 이 때문이었습니다.

하나님과 인간을 비롯한 모든 사물을 알고 이해할 수 있는 지성의 능력, 그것들의 아름다움을 인식하고 즐거워할 수 있는 감정, 그것들을 하나님의 질서에 따라 사랑할 수 있는 의지의 능력을 주셨습니다. 그리고 인간은 하나님을 닮아 그러한 능력들을 자유롭게 자율적으로 사용할 수 있는 존재로 창조되었습니다. 하나님께서는 당신의 선(善) 안에서 인간의 자율과 자유가 행사되는 것에서 기쁨을 누리셨습니다.

인간의 타락한 현실은 역설적으로 하나님께서 인간을 얼마나 위대하고 존귀한 존재로 창조하셨는지를 보여줍니다. 왜냐하면 하나님께서는 인간이 타락함으로 창조세계와 인류 안에 가득했던 하나님의 영광, 곧 선함과 아름다움이라는 질서가 사라질 것을 아시면서도 인간에게 자율적이고 독립적인 의지를 행사하도록 허락하셨기 때문입니다. 이는 인간에 대한 하나님의 존중하시는 사랑을 보여주는 것이기도 합니다.

인간은 존재적인 초월성에 있어서는 하나님께 감히 비견될 수 없는 미천한 존재이지만, 하나님께서는 타락에 대한 인간의 자율적인 선택을 그대로 받아들이셨습니다. 그리하여 아우구스티누스가 『고백록』(*Confessiones*)에서 말한 것처럼 '일은 바꾸시되 뜻은 바꿈이 없으심'(*opera mutas nec mutas consilium*)으로써 세계와 인간을 창조하신 본래 목적을 성취해 나가셨습니다.

이것이 인간의 불행에 대한 기독교 신앙의 입장입니다. 그러면 일반적인 세상의 역사는 인간의 불행의 원인을 어떻게 보았을까

인간의 '잘 사는 것'은 단지 사람들과만 올바른 관계를 맺는 것이 아니다. 여기에는 자연세계를 향해 우리의 올바른 의무를 행하는 것까지 포함된다. 왜냐하면 자연세계는 인간의 '잘 살기'가 펼쳐지는 장이기 때문이다. 자연세계를 창조하신 목적은 그 안에서 인간이 하나님과의 평화를 다른 사람들과의 관계 속에서 실현하며 창조세계의 선량한 관리자로 살아가는 것이다.

요? 역사적으로 인간이 잘 사는 것이 무엇인지를 탐구하던 사람들은 크게 두 가지 입장으로 나뉩니다. 그리고 이것은 인식의 문제와 관련됩니다.

첫째로, 인식하는 인간이 모든 판단의 주체이므로 인식 주체인 인간의 이성으로 파악할 수 없는 것은 '없는 것'이거나 판단의 근거가 될 수 없다고 보는 입장입니다. 하나님, 창조, 인류 최초의 타락, 구원의 길인 예수님의 대속적인 죽음, 믿음과 성령의 역사, 미래의 천국과 같은 것은 인간 이성의 이해를 초월하는 것이기 때문에 참과 거짓의 판단 대상이 되지 않는다는 것입니다.

이러한 입장을 취하는 사람들은 보이지 않는 하나님과 불화한 인간의 보편적인 죄성과 부패에서 불행의 근원을 찾는 데 동의하지 않을 것이 분명합니다. 또한 인간의 삶을 판단하는 절대적인 도덕의 근거가 인간 바깥에 실재한다고 보지 않았습니다.

춘추전국 시대 송나라 출신으로서 제자백가 중 도가의 대표적 인물인 장자(莊子, BC 369-BC c289)의 다음 일화가 참고가 됩니다. 그의 책 『장자』(莊子)에 나오는 이야기입니다.

어느 날 장자가 제자를 데리고 가다가 잎이 무성한 가지를 가진 나무 앞에 선 벌목꾼을 만났습니다. 장자는 물었습니다. "왜 그 나무를 베지 않습니까?" 벌목꾼은 이렇게 대답했습니다. "쓸모가 없기 때문입니다." 그러자 장자는 제자에게 말했습니다. "이 나무는 쓸모없어서 천수를 다하는 것이니라." 산에서 내려온 장자는 제자와 함께 친구의 집에 유숙하게 되었는데 거위 요리를 대접받게 되었습니다. 그 집 하인이 집주인에게 물었습니다. "한 놈은 잘 울고 또 한 놈은 울 줄 모르는데, 어느 놈을 잡을까요?" 주인은 대답했습니다. "울 줄 모르는 놈을 잡아라." 이튿날 제자가 장자에게 물었습니다. "어제 산 중의 나무는 쓸모가 없어서 천수를 누렸지만, 친구 분의 집 거위는 쓸모없어 죽음을 당했습니다. 선생님은 어찌 하시겠습니까?" 이때 장자는 웃으면서 대답했습니다. "나는 너무 쓸모가 있지도 또 너무 쓸모가 없지도 않은 자가 되겠다. 도와 비슷하기는 하지만 도가 아니기 때문에 화를 면하지 못하는 것이다. 만약 도덕(道德)을 타고 소요한다면 그렇지 않을 것이다. 명예도 구하지 않고 허물도 짓지 않고 때로는 귀한 용이 되었다가 때로는 천한 뱀이 되어 대세에 따라 더불어 변화할 뿐 그 무엇이든지 외곬으로 추구하지 않는다. ……만물의 근원을 소요하며 사물을 사물로 부릴 뿐 사물에 의해서 사물로 부림을 당하지 않는다면, 무슨 화가 스며들 수 있겠는가?(浮遊乎萬物之祖, 物物而不物於物, 則胡可得而累邪)"

중국 철학자 펑유란(馮友蘭, 1895-1990)은 『중국철학사』(中國哲學史)에서 장자의 이러한 사상은 인간을 "사물을 사물로 부릴 뿐 사물에 의해서 사물로 부림을 당하지 않는"(物物而不物於物) 존재로 보는 것으로서 모든 일에 대해 피동적이지 않고 능동적인 인간관을 보여준다고 하였습니다.

둘째로, 인식하는 것은 인간이지만 인식이라는 것 자체가 객관적인 진리가 실재해야 가능한 일이므로 그것을 받아들이는 것이 더욱 중요하다고 보는 입장입니다. 인간의 이성으로 설명할 수 있는 부분들은 이성으로 설명하지만, 인간의 이성을 초월하는 진리를 인식하는 데 인간은 데카르트 이전의 전통적인 철학에서 지성의 기능인 오성을 의존하기도 합니다. 직관이나 믿음 같은 것들이 그것입니다.

일반적인 경우라고 할 수는 없지만 플라톤과 몇몇 철학자들도 특정한 종류에서는 '로고스'(*logos*, 論理)보다 '뮈토스'(*mythos*, 神話)에 더 높은 지위를 부여하였습니다.

비단 이들만이 아닙니다. 우리는 보다 긴 인류의 역사에서 인간 불행의 원인을 보이지 않는 관계 속에서 찾고자 했던 사람들을 만날 수 있습니다. 국가의 재난이나 인간의 불행 앞에서 자기 신들과의 관계를 반성한 사례나, 이미 타계한 조상들을 신화된 존재로 보고 그들의 도움을 구하는 것이나, 토테미즘(Totemism)과 애니미즘(Animism) 사상으로 우상의 도움을 구하는 것 등은 단순히 계몽주의 이전에 있었던 단지 뿌리 깊은 인간의 무지와 미신의 소산만은 아닙니다. 그런 면이 없는 것은 아니지만, 또 다른 한편으로는 그들이 지상에서 인간의 행복이 초월적인 신과의 관계와 밀접한 연관을 가지고 있다고 생각하였음을 보여줍니다. 이것은 소위 자연인의 의식 속에 심겨진 '신성에 대한 인식' (*sensus divinitatis*)을 잘못 해석한 결과입니다.

결국 인간 존재의 의미는 하나님과 사물들의 존재와 가치망 속에서 파악될 수 있는 것이지 그것들과 동떨어진 채 파악될 수는 없습니다. 인간의 존엄의 근거와 자율과 자유의 가치 같은 것들도 모든 관계에서 단절된 인간으로서는 그 근거를 찾을 수 없습니다.

어느 법학 교수가 젊은 시절 법조인으로서 자신의 고민을 다음과 같이 고백했습니다. "인간이 왜 존엄한지를 알아야 법의 가치를 알 수 있을 텐데, 법을 배우지만 인간이 왜 존엄한지에 대한 답을 찾을 수 없었습니다."

인간이 누구인지, 그의 삶이 무슨 의미가 있는지, 그가 '잘 사는 것' 은 무엇인지에 대한 질문은 피조물인 인간과 창조주이신 하나님과의 관계를 고려하지 않는 한 답을 찾을 수 없습니다.

이것이 바로 루크레티우스(Titus Lucretius Carus, BC c94–BC c55)의 『사물의 본성에 관하여』(*De Rerum Natura*) 이후로 오늘날까지 그의 견해를 따르는 수많은 철학자들의 공격과 비판을 받으면서도 여전히 목적론적 세계관이 폐기되지 않고 있는 이유입니다.

기원전 1세기에 쓰여진 『사물의 본성에 관하여』는 1417년 겨울, 인문주의자이자 유물 수집가였던 포조 브라촐리니(Poggio Bracciolini, 1380–1459)에 의해 독일 남부의 한 수도원에서 루크레티우스의 필사본으로 발견되었습니다. 이 책은 루크레티우스가 에피쿠로스의 철학을 물리학과 우주론, 윤리학을 넘나들며 서사시의 형식으로 종합한 것입니다. 우주는 신의 도움 없이 움직이고 사후세계는 종교가 조장한 허위의 공포일 뿐이라는 생각을 담고 있습니다.

루크레티우스는 신의 존재를 인정했으나 그가 상정한 신은 세상의 인간사에는 아무런 관심이 없는 존재였으며, 사물들의 세계는 '사물들의 종자씨' 라는 불변체가 쉼 없이 운동하기 때문에 생겨나고 소멸하는 것이라고 생각하였습니다. 우주에는 사물을 만든 조물주도 설계자도 없고 더욱이 인류의 역사를 움직이는 목적 같은 것은 결코 존재하지 않는다는 것입니다. 이 사람의 사상은 르네상스 이후 무신론적 인문주의와 극단적 계몽주의로 계승되어 근대 유물론적이고 기계론적 세계관이 형성되는 데 기여했습니다.

기독교 신앙은 이 모든 것들에 대한 이성의 판단을 위한 초월적인 근거를 분명히 제시하고 있는데, 그 일의 가장 궁극적인 권위를 가진 것이 바로 성경입니다. 따라서 성경에 대한 믿음은 하나님의 존재와 구원자 예수 그리스도, 구원의 조건인 복음에 대한 믿음을 동반합니다. 왜냐하면 우리가 죄인으로서 구원을 필요로 한다는 사실 자체가 성경을 통해 우리에게 알려진 것이기 때문입니다. 신자가 중생과 회심을 경험한 이후 성경 말씀을 사랑하는 것도 바로 이러한 이유 때문입니다.

하나님 자신이 행복의 근원이시기에, 인간은 삼위일체 하나님과 다시금 올바른 관계를 맺지 않고는 결코 행복해질 수 없습니다. 하나님께서 인간에게 지정하신 행복은 하나님과 이웃, 창조세계 만물과 올바른 관계를 맺는 가운데 누리는 하나님 자신의 확장된 행복입니다.

그런 점에서 인간의 행복은 공동체성을 가진 것이라고 할 수 있습니다. 즉, 인간의 참된 행복은 하나님과 인간, 모든 이웃과 자연 사물이 각자에게 지정된 자리에서 완전한 쉼과 평화를 누리는 행복이며, 그들 각자가 누리는 행복이 다른 사물들이 누리는 행복의 원인이 되는 행복입니다. 이것이 바로 타락하기 전 창조세계의 완전한 행복의 상태이고, 미래에 하나님 나라가 완성될 때 세상 모든 만물이 누리게 될 행복의 상태입니다.

그리스도의 교회는 이 두 행복의 상태를 비록 그때만큼 완전하게는 아니라 할지라도, 그리스도와의 영적 연합을 누리며 살아가는 모습을 통해서 이 세상 사람들에게 보여주어야 할 기관입니다.

인간은 자신에게 부여받은 자유 의지로 하나님과의 언약을 파기하고 타락하였지만, 불행하게도 자신의 힘으로는 이미 깨어진 하나님과의 관계를 다시 회복할 수 없었습니다. 최초의 인류가 타락하자 하나님께서 구원의 약속을 주신 것도 바로 이 때문이었습니다.

타락은 최초의 인류뿐 아니라 이후 모든 인간의 행복에 심각한 파괴를 가져왔습니다. 이것은 관계적 측면과 인간 본성적 측면으로 나누어 생각할 수 있습니다.

첫째로, 관계적 측면에서의 파괴입니다. 이 관계적 측면은 하나님, 인간, 자연세계와의 관련으로 각각 나누어 숙고하여야 합니다.

첫 번째로는 하나님과의 관계입니다. 아담과 하와의 범죄는 하나님과 인간 사이의 관계, 인간과 인간 사이의 관계, 인간과 자연세계 사이의 관계의 파괴를 가져왔습니다.

창조 때 인간은 하나님과 생명적인 교통으로 영혼뿐 아니라 육체 또한 불멸의 존재였으나, 범죄로 말미암아 하나님과의 관계가 단절되고 인간 존재 안에 깃들었던 하나님의 영광은 대부분 하나님 자

인간의 생명이 아무것도 아닌 것처럼 여겨질 때가 있다. 자연의 큰 힘 앞에서는 작은 바람에도 쉽게 꺼질 수 있는 촛불과 같다. 그러나 인간 존재의 위대함은 육체의 힘이 아니라 그 안에 있는 하나님의 생명에 있다. 신자 안에 있는 하나님의 생명은 어떤 경우에도 소멸하지 않는다. 비록 곧 꺼질 듯 바람에 나부끼는 작은 불꽃 같을지라도…….

신에게로 귀속되었고 생명과 사랑의 충만한 공급도 끊어지게 되었습니다.

넓은 의미에서는 타락 후에도 인간은 여전히 하나님의 형상을 지닌 존재였으나, 좁은 의미에서는 그 형상을 가진 존재답게 살 수 없게 되었을 뿐 아니라 영혼의 우수한 자질들을 악하게 사용하여 스스로 불행한 존재가 되어 버렸습니다.

그러나 인간은 하나님을 향하여 살도록 창조되었기 때문에 하나님 앞에서 하나님을 본뜰 수밖에 없는 존재입니다. 결국 인간의 악은 하나님을 그릇되게 본뜨는 삶이고, 인간의 선은 하나님을 올바르게 본뜨는 삶입니다. 그리하여 아우구스티누스는 자신의 『고백록』에서 이렇게 말했습니다.

이처럼 인간이 당신을 배향(背向)하고, 당신께 돌아가지 않고는 결코 얻지 못할 맑고 깨끗함을 당신 밖에서 찾으려고 할 때 영혼은 외도를 하게 되는 것입니다. 무릇 당신을 멀리하고 당신 앞에 스스로 높이는 자는 잘못된 방식으로 당신을 본받습니다. 그러나 그렇게 해서라도 인간은 당신을 본뜸으로써, 당신만이 모든 만물의 창조주이시며, 인간이 어디로 가든지 결코 당신을 떠날 수 없다는 사실을 입증하는 것입니다.

가난한 자들을 불쌍히 여겨 넘치도록 구제하는 선한 행위는 하나님의 풍족함과 너그러움을 바르게 본뜬 것이지만, 자신의 욕망을 따라 방탕한 삶을 사는 것도 모든 것을 가지시고 후히 누리시는 하나님을 그릇되게 본뜬 것이 아니고 무엇이겠습니까?

사악한 복수의 감정은 하나님의 주권을 대신해 정의를 실현하려는, 하나님의 심판하시는 의로운 성품을 잘못 본뜬 것입니다. 심지어 인간의 성적인 방탕함도 삼위일체 하나님 안의 완전한 신적인 행복을 하나님 없이 하나님처럼 누리고자 하는 그릇된 본뜸입니다.

두 번째로는 인간과의 관계입니다. 인간은 또한 다른 인간들과도 올바른 관계를 맺을 수 없게 되었습니다. 만약 하나님께서 다른 인간과 관계 맺는 능력을 상실한 인간의 비참한 상태를 더 극대화하셨다면 아마도 인간 사회는 짐승들의 집단을 방불하게 되었을 것입니다. 그렇게 되면 인류의 존속 자체가 어려웠을 것입니다. 그러나 하나님께서는 일반 은총으로 선악에 대한 관념과 인간 양심의 기능, 정부와 법률, 여론 등의 기능을 남겨 두시어 인간 사회로 하여금 극단의 무질서에 빠져 버리지 않게 하셨습니다.

그럼에도 불구하고 타락 후 인간은 사랑과 생명의 질서 안에서 삼위일체 하나님의 모상으로 탁월한 사회를 형성해 나갈 수 있는 능력을 대부분 상실하고 말았습니다. 서로를 “이는 내 뼈 중의 뼈요 살 중의 살이라"(창 2:23)고 고백할 수 있는 신적인 사랑을 잃어버리게 된 것입니다.

오늘날 우리 앞에 펼쳐진 온 인류의 잔혹한 전쟁의 역사와 인종 간의 갈등, 종교 간의 참혹한 보복들은 모두 하나님께서 인간을 창조하신 계획에 정면으로 배치된 현실입니다.

인간이라는 존재가 다른 인간과 올바른 관계를 맺으며, 자신의 행복 안에서 타인을 행복하게 하고, 타인의 행복 안에서 자신을 행복하게 하는 존재가 되기 위해서는 삼위일체 하나님으로부터 영적인 사랑과 생명을 끊임없이 공급받는 의존의 관계 안에 있어야 합니다. 그러나 이것이 타락으로 인해 대부분 사라져 버렸기 때문에 인간은 이웃과 올바른 관계를 맺을 수 없게 되었습니다.

세 번째로는 자연세계와의 관계입니다. 인간이 하나님과 관계를 맺고 또 인간과 관계를 맺는 일은 자연세계와 관계 맺는 것과는 다른 층차를 갖습니다.

첫째로 타락한 인간은 자연세계와도 올바른 관계를 맺지 못하게 되었는데, 이것 또한 인류에게 커다란 불행과 위기를 가져왔습니다. 산업혁명 이후 인간의 자연세계에 대한 무분별한 파괴와 착취는 심각한 결과를 낳았습니다. 최근 한 세기 동안 일어난 환경 파괴와 오염으로 수많은 자연재해와 기상이변이 나타났고, 에너지에 대한 자본주의의 탐욕은 석유나 천연가스 같은 자원들을 무분별하게 채굴하여 심각한 환경의 위기를 자초하게 만들었습니다.

베르나르 베르베르(Bernard Werber, 1961-)는 최근의 작품에서 '검은 피'(석유)를 탐욕스럽게 빨아올리고 '피부'(원시림)를 무자비하게 파헤침으로 인해 신음하는 지구의 고백을 빌려 인간들의 환경 파괴를 적나라하게 고발하였습니다.

일찍이 지구 환경의 위기와 기독교의 관계성을 강조하였던 린 화이트(Lynn Townsend White, Jr., 1907-1987)는 자신의 선구적인 논문인 "우리의 생태계 위기의 역사적인 뿌리"(The Historical Roots of Our Ecological Crisis)에서, 환경 파괴의 주된 책임이 인간 중심으로 세계를 생각하는 기독교의 남성주의적이고 가부장적인 태도에 있다는 사실을 강조하였습니다.

실제로 산업혁명이 일어나던 시기로부터 20세기 중반에 이르기까지 인간의 탐욕으로 말미암은 환경 파괴에 대한 진지한 신학적 반성이 거의 없었다는 사실은 매우 부끄러운 일입니다.

오늘날 소위 '녹색 영 신학'(Green Spirit theology)이라고 불리는 운동에서는 성령을 '녹색의 영'(Green Spirit)이라고 보고 하나님의 영과 인간의 영혼, 자연세계의 비물질적 실재인 영이 모두 다 같은 하나의 영이라고 주장합니다. 현대인들에게 광범위하게 설득력을 얻고

산업혁명은 모든 것을 하나님처럼 풍족히 누리고자 하는 인간의 욕망에 날개를 달아 주었다. 그러나 그것은 꼭 필요하지 않은 재화의 소비를 위해 꼭 필요한 자연환경을 파괴하는 결과를 낳았다. 인류의 생존과 행복을 심각하게 위협하는 자연환경의 파괴는 결국 인간을 불행하게 할 것이다. 가까이하기에 너무 두려운 자연환경이 되게 한 것은 인간의 커다란 잘못이다. 인간의 영혼이 하나님을 떠나 어디로 가며, 인간의 육체는 자연을 떠나 어디에 거주할 것인가?

있는 환경에 대한 범신론적인 접근은 기독교의 초월적인 신관이 가공할 환경 파괴의 결과와 함께 신학적인 파국도 가져왔음을 보여줍니다.

자연세계가 질서 안에서 쉼과 행복을 누리는 데 인간은 하나님의 대리자입니다. 비록 인간이 하나님의 형상을 가진 탁월한 존재이기는 하지만 다른 피조물과 함께 하나님에 의해 창조된 피조물이라는 동일한 위치에서 하나님과 이웃을 향한 지순의 사랑으로 선량한 관리자의 의무를 다하여야 하는 것입니다.

우리가 미래에 태어날 인류를 진심으로 사랑한다면 에너지 개발이라는 이름으로 행해지는 환경에 대한 가공할 만행을 멈추어야만 합니다. 끊임없는 우려와 경고에도 불구하고 계속되는 핵발전소의 건설과 원시림의 개발 등은 자연세계의 쉼과 인류의 행복을 현시대의 탐욕과 바꾸는 것입니다.

인류의 생존을 위한 환경 조성에 필수적인 열대 우림의 무분별한 개발과 파괴, 이로 인한 야생동물들의 서식지 상실, 산업의 발전과 소비주의의 만연으로 생산되는 엄청난 양의 화학적 배출물들과 생활 쓰레기들로 인한 토양 오염과 해양 생태계의 파괴, 지구 온난화와 공해 문제는 대부분 인간의 탐욕 때문입니다.

대규모 기업 집단에 의한 농산물의 생산과 목축 산업, 유전자 조작을 통한 다량 생산에 따른 생물학적 위험 등도 인간의 미래 환경에 대한 전망을 어둡게 하고 있습니다. 일본의 후쿠시마 원전 사고는 에너지를 값싸게 얻어 맘껏 쓰고자 하는 인간의 탐욕이 가져올 수 있는 재앙의 아주 작은 실례일 뿐입니다. 이러한 무분별한 생태 환경의 파괴는 결코 남의 일이 아닙니다.

오늘날 우리나라에서도 심각한 생태 환경의 위험의 증거를 여실히 보여주고 있는 4대강 개발사업과 신도시의 개발과 초고층 건물들의 건립은 인간의 삶의 질을 현저히 떨어뜨리고 인간과 함께 수많은 자연 사물들의 쉼을 고통으로 바꾸고 있습니다. 미래에 닥치게 될지도 모르는 핵발전소 사고나 생태계의 돌연변이, 농수축산품에 의한 피해 등을 생각한다면 오늘날의 불이익은 앞으로 닥치게 될 더 큰 재앙의 사소한 예고편일 뿐입니다.

자연에 대한 인간의 이러한 폭압적이고 수탈적인 태도는 결코 창조주 하나님의 의도가 아닙니다. 그것은 하나님께서 인간에게 분부하신 자연에 대한 올바른 정복과 다스림이 아닙니다.

둘째로 타락은 인간 본성의 측면에서 인간의 행복에 심각한 파괴를 가져왔습니다. 인류의 타락으로 인간은 본성에 절망적인 결함인 '죄책'(guilt)과 '오염'(corruption)을 소유하게 되었습니다. 죄책은 하나님 앞에서 타락에 대한 사법적 책임인데 이것으로 영혼의 죽음과 육체의 필멸성이 도입되었습니다.

죄책이 아담이 지은 죄에 대한 인류의 책임이라면, 오염은 타락한 인간성 안에 물려받은 죄악의 본성이라 할 수 있습니다. 오염은 두 가지 성격을 가집니다. 인간의 본성과 관련해서는 '선천성'을, 인간의 행위와 관련해서는 '전적인 부패성'을 특징으로 합니다.

선천성은 인간이 태어날 때부터 본성적으로 하나님께 반항하는, 죄에 오염된 상태로 태어남을 뜻합니다. 전적인 부패성은 '전적 타락'(total depravity)과 '전적 무능'(total inability)으로 이루어집니다. 전자는 인간성의 어느 부분도 죄와 타락의 결과에서 자유롭지 않음을 뜻하는 동시에 인간 본성이 하나님의 뜻을 따라 순종하려는 의지가 없음을 보여주고, 후자는 일시적으로 순종하려는 마음을 먹는다고 해도 그렇게 할 수 있는 능력이 없음을 가리킵니다.

이러한 인간의 상태는 곧 자기 스스로 하나님과의 관계를 고칠 수 없음을 보여줍니다. 더욱이 타락 후 깃들게 된 이기심과 욕망은 현실적으로 이웃과도 올바른 관계를 맺을 수 없게 방해합니다. 인간의 선량한 다스림으로 쉼과 선함의 상태가 증진되어야 할 자연세계 역시, 오히려 인간에 의해 약탈되면서 인간이 두려워하지 않으면 안 되는 대상이 되었습니다.

인간의 타락은 행복에 대한 욕구의 총량을 감소하게 한 것이 아

스페인 그라나다의 깊은 밤, 낡은 동네의 어느 골목길이다. 아무도 없는 밤길이라 더욱 쓸쓸하다. 더 가고 싶은 목적지가 없는 사람에게는 어느 동네의 예쁜 모퉁이 길이지만, 갈 길이 있는 사람에게는 막다른 골목일 뿐이다.

니라 행복하게 할 수 있는 자원들을 고갈시켰습니다. 그리고 이제 인간은 행복해질 자원이 없음에도 불구하고 남아 있는 행복에 대한 강력한 욕구로 인해 하나님께서 정하신 질서에서 더 멀리 이탈하고 있습니다.

행복이나 진리 같은 개념은 인간에게 선험적인 것입니다. 다시 말해 배워서 알게 되는 것이 아니라 경험을 초월하여 인간의 정신 안에 그것들을 아는 감각이 이미 심어져 있다는 것입니다. 인류가 타락한 후에도 하나님께서 끊임없이 그들에게 자신을 계시하신 것은 바로 이러한 감각 안에서 스스로의 힘으로는 다시 하나님과 올바른 관계로 돌아올 수 없는 인간들을 부르시기 위함이었습니다.

예수 그리스도께서 사람의 몸을 입고 이 세상에 오신 것은 타락한 인류를 당신과 올바른 관계로 다시 부르시기 위한 구원 계시의 절정이었습니다. 인류의 역사는 예수 그리스도를 중심점으로 하여 이전의 역사는 그분을 향해서 달려오고 이후의 역사는 그분으로부터 출발해서 퍼져 나간 역사입니다.

따라서 예수 그리스도의 성육신은 철저히 하나님 나라의 관점에서 설명해야 할 우주적이고 신학적인 사건이 아닐 수 없습니다. 이 세상 어떤 종교도 그 존립의 뿌리를 한 사람의 인격에 두고 있지 않습니다. 그러나 기독교는 그 존립의 뿌리를 참사람이자 하나님이신 예수 그리스도께 둡니다.

하나님을 향한 세계의 모든 경륜과 세계를 경륜하시는 하나님의 모든 성품의 발현이 성육신하신 예수 그리스도 안에 있습니다. 성경이 예수 그리스도를 "하나님의 비밀"(the mystery of God)이라고 말하는 것도 바로 이러한 이유 때문입니다(골 2:2). 이 말은 곧 인간과 세계의 운명이 하나님의 계획에 달려 있으며 이는 하나님의 지혜에서 비롯된 것인데, 예수 그리스도께서 바로 이 비밀스러운 지혜의 보고라는 의미입니다.

창조와 타락 이후, 역사를 통해 주어진 하나님과 인간과 세계에 대한 구약 시대의 모든 지식들이 수렴하여 성육신하신 예수 그리스도께로 모아지고, 신약 시대에는 그분을 중심으로 이 세대상들에 대한 지식들이 확산되어 전파되게 하신 것입니다. 구약 시대를 살았던 사람들보다 신약 시대를 사는 우리가 구약성경을 더 바르게 이해할 수 있는 것은 바로 하나님의 지혜의 비밀이신 그리스도를 통해 알게 된 지식의 빛으로 구약의 사실들이 갖는 신적 경륜의 의미를 볼 수 있기 때문입니다.

우리가 비록 인간의 의미에 대한 철학의 유장한 논의들을 다 알지 못해도 예수 그리스도를 깊이 만나고 복음의 도리를 따라 살 때 '잘 사는 것' 이 가능한 이유가 바로 이 때문입니다. 따라서 인간은 그리스도를 통하여, 특히 그분의 죽음과 부활의 의미를 통하여 하나님과 인간, 인간과 인간, 인간과 자연 사이에 존재하는 관계의 질서들을 비로소 이해하게 됩니다. 그리고 인간으로서 '잘 사는 것'이 무엇인지에 대한 답을 찾을 수 있게 됩니다.

인간은 처음부터 하나님 안에서 하나님을 향하여 행복을 누리며 살도록 창조된 존재입니다. '선함'(*bonitas*)을 가진 것들은 많고 '아름다움'(*pulchrum*)을 가진 것들은 많아도 '선'(*bonum*) 자체, '미'(*pulchritudo*) 자체는 하나인 것처럼, '행복한 상태들'은 많고 '행복을 느끼게 하는 것들'도 많지만 '원천적 행복'은 하나입니다. 그것은 바로 세 위격의 교통 안에서 누리는 삼위일체 하나님의 행복한 상태입니다. 사람들은 이것을 흔히 '하나님의 지복'(*beatitudo Dei*)이라고 일컫습니다. 다른 모든 행복한 사물들은 그것을 본뜨고자 하는 인간에 의해 만들어지거나 자의적으로 추구되는 것들입니다.

하나님께서는 인간을 특별하게 창조하셔서 다른 피조물들과는 탁월하게 구별된 방식으로 당신의 행복에 참여하게 하셨습니다. 세계의 모든 만물이 행복이신 하나님에 의해 창조되었기 때문에, 인간의 타락으로 세계의 선하고 아름다운 상태가 파괴되기 전까지 모든 피조물은 삼위 안에서 행복하신 하나님의 기쁨과 만족과 쉼에 참여하여 그것들을 누렸습니다. 그러나 그것은 하나님의 질서 있는 통치의 작용으로 말미암은 기쁨과 만족과 쉼이었습니다.

이에 비해 인간의 그것들은 단순한 통치의 효과가 아니라 영이신 하나님과 영혼 안에 하나님의 형상을 가진 인간과의 영적 교제로 말미암는 기쁨과 만족과 쉼이었습니다.

하나님께서는 인간에게 당신의 대리자로서 하나님의 창조 목적을 따라 자연 만물들을 질서 있게 관리하게 하셨습니다. 비록 인간의 범죄로 말미암아 망가진 세상이라고 할지라도, 그 책무를 다할 때 자연 만물들은 지금보다 좀더 나은 기쁨과 만족과 쉼을 누리게 됩니다.

자연적인 사물들의 이치가 이러하다면, 하나님의 형상을 따라 창조된 존재로서 행복 자체이신 하나님과 영적인 생명과 사랑으로 교통하게 하신 인간의 기쁨과 만족과 쉼은 얼마나 더 하나님 안에서만 발견될 수 있을지 생각해 보십시오.

인간은 하나님을 떠나 타락함으로써, 행복 자체이신 하나님과 올바른 관계 안에서 그 영원한 생명과 사랑 때문에 행복해지는 대신, 하나님과 관계없이 자기의 욕망을 따르며 스스로 행복해지고자 하였습니다.

그리고 잠시 살다가 죽을 필멸의 운명을 가진 존재인데도 그 비극적 사실에 직면하여 영원한 삶의 길을 탐구하는 대신, 그것을 당연한 것으로 받아들일 수 있는 체념과 무모한 용기를 갖게 되었습니다. 그 근거는 무지와 자기 기만이었습니다. 길버트 체스터턴(Gilbert K. Chesterton, 1874-1936)이 "사창가의 문을 두드리는 모든 남자는 하나님을 찾고 있는 것이다."라고 한 것도 이러한 의미입니다.

인간은 어쩔 수 없이 하나님의 행복을 본뜰 수밖에 없는 존재이니, 그가 하나님을 알고 사랑하면 당신과 올바른 관계 안에서 그분 안에 있는 행복을 본떠서 탈 없이 행복하게 되고, 그가 하나님을 모르고 자기를 사랑하면 당신과 올바른 관계없이 그분 안에 있는 행복을 본뜨게 되는데 여기서 온갖 편견과 이기심과 아집, 극단적 쾌락의 추구가 나타나는 것입니다.

행복의 근원이 하나님이시기 때문에 인간은 마땅히 자신을 창조하신 하나님을 향하여 그분 안에서 행복해져야 하건만, 이제 하나님 없이 하나님 바깥에서 자신을 향하여 '하나님처럼' 행복하기를 열망하는 존재가 되고 말았습니다(딤후 3:4). 인간은 진리의 빛 아래 있지 않으면, 영혼을 돌보지 않은 채 육체만을 편애할 수밖에 없는 존재입니다.

비록 고대 이집트의 파라오와 중국의 황제들을 비롯한 몇몇 통치자들이 영생을 꿈꾸며 자신의 무덤을 준비하기는 하였지만, 그것은 영혼을 돌아보며 영원을 인식하여 한 일이 아닙니다. 그저 현세의 욕망을 내세에까지 확장한 것에 불과합니다.

근본적으로 인간은 자신의 자원으로는 하나님과 관계가 단절된 데서 오는 결핍을 메울 수 없는 존재입니다. 인간은 영혼과 육체로 이루어져 있습니다(창 2:7). 육체는 땅으로부터 만들어졌기 때문에 지상의 자원을 필요로 하지만, 영혼은 하늘로부터 만들어졌기 때문에 천상의 자원을 필요로 합니다. 땅의 자원은 육체를 보양하는 일에 유용하고, 하늘의 자원은 영혼을 고양하는 일에 필수적입니다.

그런데 우리는 육체에 대해서는 늘 보고 느끼고 감각하기 때문에 육체가 요구하는 자원의 필요에 대해서는 민감합니다. 죽은 영혼, 병든 영혼으로 육체가 요구하는 땅의 자원의 필요성을 절감할 수 있기 때문입니다.

매일 눈만 뜨면 마주치는 휘황찬란한 광고 간판과 네온사인, 물건과 서비스 상품을 소개하는 수많은 전단지들과 방송 매체를 통해 홍수처럼 넘쳐나는 광고를 보십시오. "너의 육체와 감각을 위해 이것을 소비해야 행복할 것이다."라고 외칩니다. 그러나 그것들 중 육체로 하여금 우리의 삶을 영위할 수 있게 하는 데 꼭 없어서는 안 될 것들은 지극히 소수입니다. 더욱이 그것들 중 높은 가치를 추구하는 우리의 정신을 고양하기 위해 꼭 필요한 것들은 얼마나 소수인지요.

우리 주위에는 우리 마음을 끌어당겨서 우리 존재의 일부가 되어 버린 사물과 사고방식이 얼마나 많은가! 그것들 중 상당수가 사실은 갈퀴로 치워 내야 할 쓰레기 더미에 불과한데……. 더 많은 것들을 가짐으로써 행복해지는 것이 아니라 덜어 내고 비움으로써 행복해지는 법을 배워야 한다. 모든 것을 누리는 사람은 아무것에도 매이지 않는 사람이므로, 없는 것이 진정으로 있는 것이다.

오늘날 인간의 광기 어린 소비생활은 영혼과 정신의 허기진 상태를 반영하는 것입니다. 그렇게 우리의 육체를 위해서 꼭 필요하지도 않은 것들을 획득하느라고 한 달 동안 노예처럼 돈을 벌기 위해 일하다가 하루 동안 쇼핑을 하면서 자신이 이 땅의 자원들로 더욱 행복해질 것이라고 기대하지만, 이는 마치 여름 뙤약볕에 타는 듯한 목마름으로 고통하는 나그네가 마시는 한사발의 차갑지만 진한 설탕물과 같을 뿐입니다.

이 세상에서 인간들은 이 자원들로 자신의 육체의 안녕과 쾌락을 증진하고 나아가서 자신이 원하는 질서를 다른 사람들에게 강요하고자 더욱 많은 자원을 소유하려고 치열하게 경쟁하기도 하고, 심지어 다른 사람들의 것을 약탈하기도 합니다. 그러나 그것은 우리를 행복으로 인도하지 못합니다. 왜냐하면 행복은 단지 육체와 관계된 문제가 아니기 때문입니다. 오히려 육체의 편안한 상태뿐만 아니라 영혼과 정신이 하나님의 행복에 참여함으로써 진정으로 행복할 수 있기 때문입니다.

인간의 영혼은 육체를 지도하는 능력이라는 점에서 아우구스티누스가 지적한 바와 같이 "육체의 생명은 영혼이고 영혼의 생명은 하나님"이십니다.

영혼은 하늘로부터 창조되었기에 하늘 자원을 필요로 합니다. 이것은 천상 자원으로서 먹고 입고 마시는 것이 아닙니다. 그것은 오히려 성령 안에 있는 의와 평강과 희락입니다(롬 14:17). 더 간단하게 말하자면 하나님의 생명과 사랑입니다. 그리고 그것은 영적인 양식인 진리의 말씀을 통해 주어집니다. 이것으로써 삶의 다양한 사태들을 헤치고 나갈 힘과 용기를 얻고 치열한 인생살이 속에서 불변하는 가치를 위해 희생할 수 있게 됩니다. 그리하여 사랑할 수 없는 사람들을 사랑하고, 용서할 수 없는 사람들을 용서하며, 자신보다 더 낮은 자리에 있는 사람들을 섬기고, 정의를 위해 희생할 수 있는 용기를 갖게 합니다.

인간으로 하여금 눈에 보이는 육체적 필요에 대한 민감함 때문에 영혼의 필요를 직시하지 못하는 어리석음에 떨어지지 않고, 시간 속에서 있다가 사라질 잠세적인 것들보다 영원히 가치 있는 것들을 더욱 사랑하게 하는 것도 바로 이 하늘 자원의 힘입니다. 이처럼 육체의 일용할 양식은 떡과 물이지만, 영혼의 일용할 양식은 진리와 사랑입니다. 하나님께서 죄인을 불러 구원하심은 바로 이런 하늘 자원, 곧 하나님과의 올바른 관계가 끊어져서 더 이상 공급받지 못하는 천상의 자원을 은혜로 주시기 위함입니다.

인류 역사에 나타난 다양한 종교와 철학, 도덕과 윤리, 학문과 예술의 추구는 바로 하나님과 관계가 끊어진 데서 오는 결핍을 대신

하고자 하는 인간 영혼의 갈망을 보여줍니다. 물론 그 안에 상당한 진리의 요소들이 있었던 것도 사실입니다. 그러나 인간의 왜곡된 편견과 선입관으로 인해 진리에 속하는 사실들까지 자의적으로 연결하여 오히려 하나님께로 돌아가는 길을 보지 못하게 하고 말았습니다.

여기서 우리는 인류 구원에서 인간이 아닌 하나님 자신의 선도권이 강조되어야 할 이유를 발견하게 됩니다. 왜냐하면 오직 하나님의 주도에 의해서만 하나님과 인간 사이의 깨어진 관계가 회복될 수 있기 때문입니다. 예수 그리스도께서 이 세상에 오신 것이 대속의 화목제물이 되시기 위함이었다고 성경이 강조하는 것도 바로 이 때문입니다(막 10:45, 요일 2:2).

2. 인간들과 관계 맺음

인간은 행복의 근원이신 하나님과 올바른 관계를 맺음으로써 행복해질 수 있지만, 그것을 바탕으로 인간들과 올바른 관계를 맺음으로써도 행복에 다가갈 수 있습니다. 하나님께서는 당신이 창조하신 인류가 하나님과 이웃과 더불어 올바른 관계를 맺는 '질서의 망(網)' 안에서 자연 만물을 선하게 관리하면서 행복을 누리도록 하셨습니다. 따라서 인간이 타락하지 않았다면 인간의 학문, 예술, 기술 등은 지금보다 더욱 도덕적이고 탁월한 방식으로 발전하였을 것입니다.

창조 시에 하나님 보시기에 좋았던 세상에서는 인간의 노동을 통해서 잠재태와 가능태로 남아 있었을 사물들의 선함과 아름다움이 증진되었을 것이고, 하나님에 대한 참된 경배를 통해서 물질문명과 정신문화의 발전은 세계를 창조하신 당신의 의도에 맞게끔 이루어져 하나님의 영광이 충만하게 되었을 것입니다. 무엇보다도 그 안에서 인간들은 하나님께서 정하신 자연과 도덕의 질서를 따라 서로 올바른 관계를 맺으며 사랑의 공동생활을 영위하였을 것입니다.

그러나 타락 후 인류는 하나님을 순수하게 사랑하는 마음으로 하나님께서 지정하신 존재와 가치의 질서를 따라 그 안에서 행복을 찾기보다는, 자기 사랑의 이기적 욕망으로 자신이 바라는 존재와 가치의 질서를 따라 그 안에서 행복해지기를 원하는 존재가 되었습니다. 오늘날 자본주의 사회에서 더 많은 지상의 자원들을 손에 넣고자 치열한 경쟁과 다툼이 일어나는 것도 바로 이러한 사실을 보여주는 증거입니다.

인류가 행복을 추구하지만 거기에 도달하지 못하는 것은 하나의 사랑으로 돌아가지 않으려는 완고한 자기 사랑 때문입니다. 하나님께서는 천상과 지상의 두 세계를 실재와 모형처럼 창조하시고 그 모든 세계를 하나의 사랑으로 묶고자 하셨습니다. 그리하여 지상에서 하나님을 향한 순수한 사랑은 불완전할지라도 그 자체로 영원을 향한 사닥다리가 됩니다. 다시 말해서 사랑으로 영원을 알게 되고, 영원 자체이신 하나님을 알게 된다는 것입니다.

이 영원은 시간의 끝없는 연장을 의미하는 '영속'(*aevum*)이 아닙니다. 이러한 사실에 대해 저는 이미 『하나님의 도덕적 통치』에서 다음과 같이 설명하였습니다.

> 영원은 찰나(刹那)의 시간들이 연속을 이루어 만들어 내는 선적(線的) 영원이 아닙니다. 또한 끊임없이 제자리로 회귀하는 원적(圓的) 영원도 아닙니다. 이러한 찰나의 시간들의 윤회적 연속도 영원이 아닙니다. 영원 자체 안에는 아무것도 없으며 또한 동시에 모든 것이 있습니다. 시간의 대개념(對槪念)으로서의 영원은 곧 존재와 관련됩니다. 완전한 존재라면 그것은 반드시 시간을 초월하는 존재여야 합니다.

따라서 사랑을 안다는 것은 곧 영원을 안다는 것이며, 영원을 안다는 것은 곧 시간을 초월하시는 하나님을 안다는 뜻입니다. 사랑

시계는 여러 개라도 그 목적은 하나다. 정확한 시간을 가리키는 것이다. 재능과 직업은 달라도 그리스도인은 동일한 소명으로 이 땅을 사는 존재들이다. 인간의 지혜는 시간과 공간 속에 살면서도 그것을 뛰어넘는 영원의 관점에서 인생의 의미가 무엇인지 묻는 것으로부터 시작된다.

이시고 영원이신 하나님을 아는 길은 오직 그분을 사랑함으로써입니다. 이것은 하나님께서 영원이시고, 사랑이시라는 말의 의미입니다(요일 4:16). 그러므로 순수한 하나의 사랑, 곧 하나님의 사랑으로 돌아가지 않으면 인간은 참된 행복에 이르지 못합니다. 하나님 자신이 복의 근원이시기 때문입니다.

그런데 사람의 행복은 그 순수한 하나의 사랑 안에서 다른 사람들과 올바른 관계를 맺으며 서로를 사랑하는 데도 있습니다. 인간이 경험하는 두려운 소외감은 대부분 죄로 말미암은 단절에서 오는 소외감입니다. 하나님으로부터 단절되어 내동댕이쳐진 방치감(放置感)의 원인을 실존주의자들은 근원을 물을 수 없는 '피투성-현사실성'(被投性-現事實性, geworfenheit-faktizität)에서 찾았습니다. 이는 '존재의 우연성' 혹은 '무시무시한 자유'로 묘사되기도 하였습니다.

어떤 사람이 죽어서 저승에 갔습니다. 염라대왕이 물었습니다. "너는 누구냐?" 그는 대답했습니다. "저는 대한민국 사람으로서 한 아내의 남편이고 두 아이의 아빠입니다." 그러자 염라대왕이 말했습니다. "누가 너에게 출신 국가와 가족 관계를 물었느냐? 너는 누구냐?" 그가 다시 대답했습니다. "저는 불교 신자이고 금융회사에서 일했습니다." 그러자 염라대왕이 노한 목소리로 말했습니다. "누가 너더러 종교와 직업을 물었더냐? 도대체 너는 누구냐?" 그러자 그는 울부짖으며 외쳤습니다. "제발 어느 누가 내가 누구인지 좀 말해 주십시오."

이처럼 실존주의자들의 인간관을 계승하는 현대인들은 자신을 존재와 가치의 질서망 안에서 보기를 거부함으로써 인간의 자유와 자율을 추구하였습니다. 하지만 그 결과 돌아온 것은 자신이 누구인지 알 수 없는 끝 모를 불안과 소외뿐이었고, 이 불안을 통해서 겨우 자신의 존재를 확인하는 처지가 되었습니다.

근원을 알 수 없이 우주에 던져진 인간 존재가 직면하는 '무시무시한 자유'는 자유가 아니라 하나님과 인간과 세계, 심지어 자신으로부터의 철저한 소외(estrangement)요, 낯섦(unacquaintedness)이요, 거리감(alienation)입니다. 그러나 모든 인간이 예외 없이 철저히 단절된 자아를 찾아가는 것은 아닙니다.

헤르만 바빙크(Herman Bavinck, 1854–1921)가 지적한 대로 인간은 불가해한 존재이기도 합니다. 한편으로는 하나님을 간절히 찾으면서도 다른 한편으로는 그분을 멀리 떠나 도망치려는 존재이기 때문입니다.

하나님을 떠난 인간의 불행은 인간이 주관적으로 느끼는 행복과 하나님께서 인간에게 주고자 하시는 행복이 불일치한 데서 나옵니다. 인간의 죄와 타락은 선과 악에 대해 하나님의 기준보다 인간 자

여유와 허무, 자유와 고독이 교차할 때 인간의 마음은 그 경계의 담장 위를 걷는다. 그래서 사르트르가 "인간은 자유롭기 때문에 불안하다."고 했을까? 인간 존재의 자유를 향한 끝없는 갈망은 그를 무서운 고독 앞에 세운다. 인간은 무엇으로 그것을 극복해야 하는가?

신의 판단을 신뢰하는 교만에 그 뿌리를 두고 있습니다.

아우구스티누스가 인간 불행의 뿌리를 자기 사랑(*amor sui*)에서 찾았지만 그 시작은 지성의 교만에 있다고 지적한 것도 바로 이 때문입니다. 눈에 보이는 것을 가장 중요한 판단 기준으로 삼는 것, 즉 시각 중심주의(Ocularcentrism)는 최초의 인류가 타락한 동기였습니다. 하지만 하나님께서는 당신을 확실히 알 수 없는 사람들조차 이성 없는 짐승처럼 살게 하지 않으시려고 선악에 대한 일반적인 감각을 주셨습니다. 그것을 율법으로 돌판에 새기시거나 인간 양심에 새기셔서 인간에게 주신 것입니다.

오늘날 화려하게 부활하여 현대인들에게 각광받고 있는 스피노자(Baruch de Spinoza, 1632–1677)의 철학은 인간이 주체적으로 선과 악의 근거가 될 수 있는지에 대한 설명의 틀을 우리에게 제공해 줍니다. 약 350년 전인 1656년, 네덜란드 암스테르담 유대 교회에서 파문당한 이 철학자에 관한 저술들이 오늘날 봇물처럼 쏟아지고 있는 이유는 무엇일까요? 그는 진정한 의미의 선이 무엇이며, 인간 최고의 행복과 인간의 자유가 무엇인지를 사유하면서 새로운 철학 운동의 한복판에 서 있던 인물이었습니다.

1673년 2월 팔츠의 선제후 카를 루트비히(Karl Ludwig)가 하이델베르크 대학의 철학 교수직을 제안하였을 때, 스피노자가 정중히 거절한 것은 두 가지 이유 때문이었습니다. 하나는 그의 철학 연구가 이미 공적으로 확립되어 있는 종교의 질서를 어지럽게 하지 않을 것이라는 선제후의 기대가 자신의 자유로운 학문 연구를 방해할 것이기 때문이었고, 또 하나는 학생들을 가르치는 일 때문에 자신의 철학 연구에 소홀해질 것이라는 염려 때문이었습니다.

스피노자가 44세의 나이로 세상을 떠나기 전까지 일생 동안 천착했던 주제는 '인간으로서 최고의 행복을 지속적으로 누리는 것' 이었습니다. 그는 무한하고 영원한 속성들의 실체인 신을 인정했지만 그가 상정한 신은 유대교의 신관도, 정통 기독교의 신관도 아니었습니다.

스피노자에게 신은 모든 사물이 환원하는 실체였습니다. 인간은 이 타자인 신을 직관함으로 자기 중심적인 사고에서 벗어나 세계 전체성의 본질적 실체인 타자를 보게 되는데, 그제서야 자신도 그 실체의 일부분임을 알게 된다는 것이 그의 주장이었습니다. 그에게 신은 곧 자연의 실체이며, 인간도 실체적으로 이 본질에 참여합니다. 한마디로 범신론적인 신관을 갖고 있었습니다.

스피노자의 철학은 인간의 존재와 세계의 미래에 대한 낙관주의를 전제로 합니다. 어떤 면에서 그의 세계관은 동북아 철학의 노장사상(老莊思想)과 유사합니다. 자연과 인간을 하나의 실체로부터의 연장으로 보는 그의 견해는 아베로에스(Averroes)라고 불리는 12세기 이슬람 철학자 이븐 루시드(Ibn Rushd, 1126-1198)의 범신론적 세계관에 뿌리를 두고 있습니다.

아베로에스는 신학으로 도달하는 진리와 이성으로 도달하는 진리가 일치한다고 믿었던 이슬람 철학자였습니다. 신학과 철학의 탐구가 참된 것이라면 서로 모순되지 않는다고 주장하면서도 신앙에 대한 이성의 우위성을 믿었던 그는 아리스토텔레스의 분신과 같은 존재로서 자신의 거의 모든 저작들의 주석을 집필하였습니다.

기독교권에 소개된 아리스토텔레스주의(Aristotelianism)는 대부분 십자군 전쟁 후 그의 아랍어 저작들을 통해 소개된 것이었는데, 그것은 당시 기독교권에 커다란 지적 충격을 안겨 주었습니다. 아리스토텔레스주의의 가장 큰 공헌은 학문을 체계화할 수 있는 논리적이고 분석적인 틀을 제공한 것입니다.

서양 사상사에서 아리스토텔레스는 기독교권의 아우구스티누스와 같은 존재입니다. 아리스토텔레스 이전의 모든 학문과 사상들이 그에게로 수렴해 학문의 체계를 갖추게 된 것은 마치 아우구스티누스 이전의 모든 학문들이 그를 통하여 기독교적 체계를 갖추게 되어 서양 사상의 바다로 나아가는 수문의 역할을 하였던 것과 꼭 같습니다.

토마스 아퀴나스(Thomas Aquinas, c1225-1274)를 중심으로 이루어진 스콜라주의(Scholasticism)는 아리스토텔레스의 철학적 방법론으로 하나님과 인간과 세계에 대해 제시한 통일적인 설명입니다.

당시 기독교 신학자들 사이에는 아베로에스주의(Averroism)를 따르는 무리들이 다수 있었습니다. 그러나 1277년 파리의 에티엔 탕피에(Etienne Tempier, ?-1279) 주교가 이들을 정죄함으로써 아베로에스주의를 차용한 신학을 이단으로 규정하였습니다. 이는 곧 그들이 '두 개의 서로 모순되는 진리' (*duae contrariae veritates*)를 신봉한다는 이유 때문이었습니다.

역사적으로 피렌체의 문학가 단테에게 깊은 영향을 끼쳤으며 후일 르네상스의 사상적 구체화로 나타난 이탈리아 파도바를 비롯한 북부 도시들을 중심으로 일어난 이탈리아의 인문주의 운동도 아베로에스주의의 공헌이었습니다. 물론 르네상스 시대에도 그의 아리스토텔레스주의적 세계관에 반대하여 플라톤적 세계관을 추종했던 마르실리오 피치노(Marsilio Ficino, 1433-1499)와 같은 인물들도 있었지만 말입니다.

아베로에스가 주장한 보편적이고 우주적인 '지성의 단일성' 은 바로 지성에 대한 범신론적 이해를 보여줍니다. 개별적 인간의 지성은 우주적이고 보편적인 지성의 일부로서 그것에 참여한다는 범신론적 주장입니다.

이러한 주장에 대해 부들부들 떠는 진노로 쓴 역사적인 변증서가 바로 토마스 아퀴나스의 『지성 단일성』(*De Unitate Intellectus Contra Averroistas*)입니다.

스피노자의 철학은 인간과 자연, 하나님 사이의 실체적인 격차를 부인할 뿐만 아니라 인간의 타락과 이로 말미암아 깨어진 세계의 선하고 아름다운 원래의 상태를 사실로 받아들이지 않습니다. 그는 인간은 자연의 일부이나, 수동적 존재가 아니라 능동적인 존재로서 세계 안에서 자신의 존재 의미를 구현해 간다고 보았습니다.

또한 스피노자는 자연이 '생산하는 자연', 곧 '능산적 자연'(能産的自然, *natura naturans*)과 '생산되는 자연', 곧 '소산적 자연'(所産的自然, *natura naturata*)으로 이루어진다고 보았습니다.

'소산적 자연'이라는 개념이 용어로 처음 등장한 것은 아리스토텔레스의 저작에 대한 아베로에스의 주석에서였습니다. 이 용어가 지시하는 바는 세계가 신에 의해 수학적인 조화 속에 피동적으로 존재하게 되었다는 사실입니다. 그러나 이것은 기독교에서 말하는 인격적 창조주에 의한 목적론적 창조가 아니라 범신론에 가깝고, 유물론적인 창조를 의미합니다. 창조에 대한 이런 새로운 해석은, 멀게는 고대 그리스의 루크레티우스의 기계론적 세계관에서 이미

열매를 맺는 것은 곧 자신의 존재의 전사(transcription)이고, 동시에 죽어도 영원히 사는 길이기도 하다. 잠세적 삶이 영원을 향해 열매 맺는 길이 무엇일까? 열매이면서도 자신을 나무와 따로 떨어진 또 다른 개체가 아니라 나무의 일부로 여긴다면, 열매로 떨어져 나가는 것이 곧 또 다른 생명의 확장임을 알 것이다.

나타났고, 가깝게는 코페르니쿠스의 지동설에 영향을 받은 조르다노 브루노(Giordano Bruno, 1548-1600)에게서도 나타납니다. 이들의 사상은 기본적으로 유물론과 기계론적 세계관입니다. 중세 스콜라주의에서는 신이 자연을 초월하는 존재로 이해하였지만, 스피노자는 어떤 것도 자연을 초월해서 자연밖에 존재할 수 없다고 보았으며 신만이 실체이고, 세계와 모든 사물 안에 있어 그것들의 원인이 된다는 것입니다. 그는 이러한 사실에 대하여 『에티카』(*Ethica, Ordine Geometrico Demonstrata*)에서 다음과 같이 말합니다.

> 존재하는 모든 것은 신 안에 있으며 또한 신에 의하여 파악되지 않으면 안 된다. 그러므로 신은 자신 안에 있는 것들의 원인이다. 이것이 첫 번째 점이다. 다음으로 신 이외에는 어떠한 실체도 존재할 수 없다. 곧 신의 외부에서 자체로서 존재하는 어떤 것도 존재할 수 없다. 이것이 두 번째 점이다. 그러므로 신은 모든 것의 내재적 원인이지 초월적 원인은 아니다(제1부, 정리 18).

스피노자가 말하는 '전체로서의 자연'은 능산적 자연이 아니라 소산적 자연입니다. 따라서 '무한양태'라고 불리는 것은 곧 소산적 자연과 같은 것입니다. 그렇다면 문제는 소산적 자연의 원인이 되는 신, 곧 능산적 자연이 존재하는 공간성(spaciality)인데, 스피노자는 자연 이외에 어떤 초월적인 것도 없다고 보았기 때문에 능산적 자연은 소산적 자연을 초월하지 않고 그 안에 내재하는 방식으로 존재합니다. 다시 말해서 능산적 자연은 공간성 안에 존재하는 것이 아니기 때문에, 능산적 자연이 소산적 자연 안에 있는 것이 아니라 소산적 자연이 능산적 자연 안에 있다는 것입니다.

스피노자에게 있어서 능산적 자연은 변화가 없는 상태의 자연으로서, 자신 안에 태어나고 흘러가고 죽고 소멸하는 소산적 자연을 가지고 있습니다. 이런 점에서 능산적 자연으로서의 신과 소산적 자연으로서의 세계는 천상적이고 능동적인 창조주와 지상적이고 피동적인 피조물로서 대립하는 것이 아니라, 상호 교통한다는 것입니다. 따라서 신의 존재 양식과 관련해 스피노자의 신관은 정확히 말해 범신론(Pantheism)이 아니라 만유내재신론(Panentheism)이라고 할 수 있습니다.

그의 철학에서 중요한 개념 중 하나가 있는데 그것이 바로 '코나투스' (*conatus*)입니다. 이 라틴어의 사전적 의미는 '노력, 충동, 경향성' 인데, 스피노자에게 코나투스는 '모든 사물들이 그 자체를 보존하기 위해 가지고 있는 힘이나 노력' 을 의미합니다. 신 이외의 모든 사물은 신의 서로 다른 개별적 양태들이기 때문에, 각각의 사물들에게 고유한 방식으로 자신의 존재를 파괴하려는 모든 외부의 힘에 대하여 저항하게 되는데 이것이 바로 코나투스입니다. 그리고 개별 사물의 본질이라고 할 수 있습니다.

스피노자는 오직 신만이 능산적 자연이며, 인간은 이성의 능력이 있기 때문에 자신을 보존하려는 힘이 다른 사물들과는 상이한 방식으로 작동합니다. 그리하여 인간은 소산적 자연 안에서 자신 안에 있는 코나투스를 발산하여 세계 안에서 그것을 확장해 나가는 것이 행복을 증진하는 길이라고 보았습니다.

그러면 여기서 코나투스와 인간의 자유와의 관계를 어떻게 설명해야 하는지에 대한 고민이 생깁니다. 인간도 소산적 자연의 일부이기 때문에 자연의 필연성(necessity)에 종속되어 있다는 점에서는 '자연적' 이지만, 다른 사물들과는 달리 이성적이라는 점에서 또 이성의 작용에 의해 행동한다는 점에서는 '자유롭다.' 고 할 수 있습니다. 그래서 같은 코나투스의 작용을 동물에 대해서는 '충동' 이라고 부르고 인간에 대해서는 '욕망' 이라고 불렀습니다.

스피노자의 코나투스를 인간의 행복과 관련지어서 생각할 때, 이것이 소극적으로 보아 단순히 '자기를 파괴하려는 외부적 영향에 대하여 저항하는 힘' 이냐 혹은 적극적으로 보아 '자신의 실존과 관련하여 외부의 조건에 의해 운명이 좌우되는 상태에서 벗어나고자 하는 내적인 힘까지 포함하는 것' 이냐에 대해서는 스피노자를 연구하는 학자들 사이에서도 의견이 나뉩니다. 그러나 확실한 것은 스피노자의 코나투스 개념을 인간에게 적용할 때는 행복하고 완전하고 쉼이 있는 상태로 나아가게 하는 에너지라는 사실입니다. 스피노자에게 기쁨과 환희는 코나투스가 충만한 상태이고, 슬픔과 우울은 코나투스가 결핍된 상태입니다. 따라서 스피노자에게 코나투스는 인간의 육체(*corpus*)와 정신(*mens*)의 결합 안에 있는 '무의식적인 힘', 육체의 행복한 상태를 유지하려는 '정신의 욕구'를 의미합니다.

그러나 육체와 정신의 관계를 설명하는 데 인간의 감정과 욕망을 이러한 방식으로 자리매김하는 것은 근대주의 인식론(Epistemology)에 정면으로 배치되는 것이었습니다. 왜냐하면 그는 존재론(Ontology)에서 인식론으로 이행한 데카르트(René Descartes, 1596–1650)의 사상을 비판하며 다시 실재론(Realism)으로 돌아갔기 때문입니다. 물론 데카르트가 실재론을 아주 버린 것은 아닙니다. 그는 중세 신학자들이 의미하던 바와는 달랐지만, 여전히 신의 존재와 신에 의한 '영원 진리 창조설'을 주장하였습니다. 그가 1630년 4월 15일에 메르센(Marin Mersenne, 1588–1648) 신부에게 쓴 편지에 이러한 생각이 표명되어 있는데, 여기에는 프란시스코 수아레스(Francisco Suárez, 1548–1617)의

『형이상학 논쟁』(*Disputationes Metaphysicae*)의 내용과 정확한 일치를 보이는 구절들이 등장합니다. 다만 그는 객관적 실재를 받아들일 때 인식과 판단의 주체로서 인간 중심을 강조했다는 점에서 인식론적 전환을 이루었다고 할 수 있습니다.

이처럼 이성 중심의 철학적 경향 때문에, 데카르트에게 욕망이나 기분은 이성의 엄격한 통제 아래 있어야 할 것이었습니다. 그러나 스피노자는 그것을 세계 안에서 행복을 확장하는 수단으로 보았습니다. 그래서 그는 말합니다. "나는 할 수 없다고 생각하는 동안, 나는 그것을 하고 싶지 않다고 다짐하고 있는 것이다. 그러므로 그것은 실현되지 않는다."

서구 철학사에서 근대를 도입한 인물은 데카르트로 알려져 왔습니다. 물론 이러한 역사적인 평가에 대해서는 논란의 여지가 있습니다. 왜냐하면 인간의 사유를 존재에서 인식으로 전환한 철학적인 시도가 데카르트의 전유물은 아니기 때문입니다.

그전에 이미 중세 시대에 있었던 실재론에 대한 도전이 있었습니다. 윌리엄 오컴(William of Ockham, c1287-1349), 쿠에스의 니콜라우스(Nikolaus von Kues, 1401-1464), 프란시스코 수아레스, 멀게는 장 로슬랭(Jean Roscelin, c1050-c1125)이나 그의 제자인 피에르 아벨라르(Pierre Abélard, 1079-1142) 등 중세 신학자들의 『유명론』(*Nominalism*)과 같은 사상적인 유산이 있었던 것입니다. 그럼에도 불구하고 데카르트에 의해 도입된, 판단의 근거를 인간의 지성에 두는 사유는 진리를 인간 바깥의 실재에서 찾던 플라톤적인 사유 방식에 전환을 이루어 내었습니다.

엄밀한 의미에서 데카르트도 여전히 인간의 판단 근거가 인간 밖의 실재에 있다는 플라톤주의적인 가설을 지지하고 있었습니다. 그러나 실재는 명제적으로 이성의 판단 없이 받아들여져야 하는 것이 아니고 이성에 의해 얼마든지 의심할 수 있는 것이기 때문에, 더 이상 의심할 수 없는 '실재에 대한 판단'은 개인으로서의 인간 자신에게 달렸다고 봄으로써, 판단에서 사실상 객관적 실재보다는 주관적 인식을 중심점으로 삼았습니다.

데카르트는 인간이 최선을 다해 이미 받아들인 모든 사실에 대해 회의적으로 사고하면서 명석판명(明晳判明)한 진리에 도달할 수 있다고 주장하였습니다. 데카르트의 이러한 주장은 가치 판단에서 인간 존재의 중심성을 확보했고, 근대 계몽주의 시대를 열었습니다.

그러나 데카르트와 거의 같은 시대를 살았던 블레즈 파스칼(Blaise Pascal, 1623-1662)의 생각은 보다 현실적이었습니다. 그는 '어떤 사물이나 사실을 판단할 때 의심할 수 없을 정도로 명료하게 되기까지

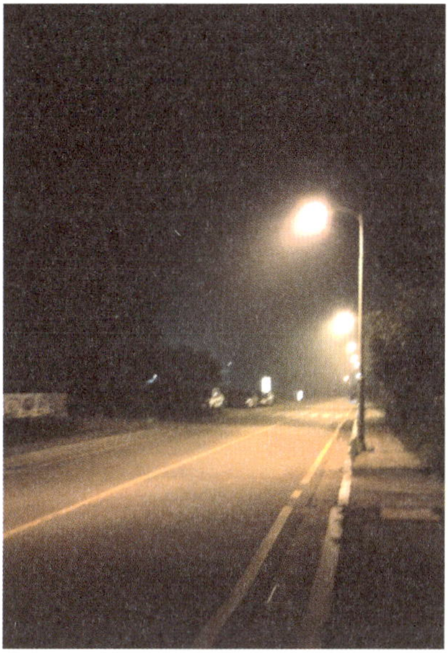

인생을 살다 보면 어두운 밤길을 홀로 걷듯 친구도 없이, 동행하는 이도 없이 가야 할 때가 있다. 한 사람의 인생의 마지막 동반자는 바로 자기 자신이다. 존재의 외로움은 자기를 대면하는 낯섦이다.

최종적으로 사유하는 것이 인간에게 과연 일상적일 수 있는가?' 라고 생각했습니다.

파스칼에 따르면, 대부분의 인간들은 그렇게 치열하게 바닥까지 파고 들어가는 사유의 능력이 없어도 현실적으로 매일매일 자신 앞에 전개되는 삶을 영위해 나가는데, 그러한 삶의 힘은 지성의 사유가 아니라 인간의 감정에서 나온다는 것이었습니다.

데카르트가 인간의 정신과 육체를 이원론적으로 생각했다면, 스피노자는 인간이 코나투스를 가진 주체적 존재라고 보고 정신과 육체를 통일적으로 이해하고자 하였습니다. 스피노자에게 인간의 현실적 삶을 영위하게 하는 에너지인 코나투스는, 불변적인 실체가 아니라 우연적이고 역동적인 힘으로서 타자와의 관계에 의해서 혹은 정신의 창조적 자기 행위에 의해 가하고 감할 수 있는 '기쁨이나 쾌락의 감정' 입니다.

데카르트에게 화두가 '고독한 이성의 사유' 였다면, 스피노자는 '고독한 주체의 삶' 이었다는 점에서 파스칼과 일치를 이룹니다.

스피노자의 견해를 따르면 매일의 삶을 살아가는 실존으로서의 인간에게 핵심적인 문제는 이성의 판단이 아니라 충동이나 욕망이라는 것입니다. 다시 말해서 인간은 이성으로 어떤 것을 선하다고 판단하기 때문에 그것을 욕망한다기보다는 현실적으로 욕망하기 때문에 그것이 선하다고 여긴다는 것입니다.

스피노자에게 코나투스가 오직 정신의 영역에만 관계할 때 그것은 '의지'(*voluntas*)로 나타나며, 정신과 육체를 포함하는 실존 전체에 관계할 때는 '충동'(*appetitus*) 혹은 '욕망'(*cupiditas*)으로 나타난다는 것입니다.

인간은 욕망하기 때문에 그것을 선으로 여긴다는 스피노자의 명제가 이제 전통 철학의 선악에 관한 이론에 대한 도발적인 발상의 전환이었습니다. 여기서 스피노자는 데카르트주의 사상의 격변 속에서도 서구에서 전통적으로 지지해 오던 '선'(good)과 '악'(evil)의 개념을 배격하고 이것을 '좋음'(good)과 '나쁨'(bad)으로 환치해 버립니다. 절대적인 악이나 선은 없고 다만 좋음과 나쁨만 있다는 사유에 기초하여 세워진 윤리학이 바로 그의 대표작인 『에티카』(*Ethica, Ordine Geometrico Demonstrata*)입니다. 그리고 그의 『신학 정치론』(*Tractatus Theologico-Politicus*)은 이러한 윤리학에 기초하여 사회계약으로 성립된 민주주의의 정체성을 강조하고 있습니다.

스피노자에게 인간의 타락으로 인한 절망적인 상태에 대한 고려는 거의 없습니다. 한마디로 그의 인간관은 너무나 낙관적입니다. 그의 견해에 따르면 인간은 절대적인 타자인 신을 인식하고 자신과 다른 인간, 자연도 그의 일부인 것을 인정하면서 인간 및 자연과 관계를 맺으며 자신의 좋은 기분을 따라 사는 것이 행복입니다. 그러나 성경은 인간이 현실적으로 하나님, 인간, 자연과 더불어 관계를 맺을 수 없는 무능한 존재로 전락하였음을 명시하고 있습니다.

인간의 구원이 인간 자신의 내부로부터(*ad intra*)가 아니라 바깥으로부터(*ad extra*)의 구원이어야 하는 이유가 여기에 있습니다.

우리는 기분적으로 '좋음'이 성경의 '선'과 일치하지 않는다는 사실을 매일 확인합니다. 인간이 생각하는 좋음을 추구하는 삶이 참된 행복에 이르지 못하는 현실을 날마다 마주하고 있는 것입니다. 인간의 행복이 관계 맺음에 있다면, 관계를 맺는 능력은 인간의 본성 안에 있는 경향성일 것입니다.

처음 창조된 인류는 이처럼 다른 사람들과 관계를 맺으며 살아갈 수 있는 능력과 경향성을 소유한 존재였습니다. 특히 하나님께서 인간을 애성적인 존재로 창조하심으로써 인간은 경험 없이도 처음 만난 타인을 "뼈 중의 뼈요 살 중의 살"(창 2:23)로 사랑할 수 있었습니다.

타인과 관계 맺음은 항상 그의 인간성에 달려 있습니다. 하나님께서 위대한 재창조의 사역을 인간의 영혼 안에서 시작하시는 것도 이 때문입니다. 인간의 죄로 인해 망가진 관계의 망을 총체적으로 고치시는 것입니다. 첫 번째 창조는 우주와 눈에 보이는 자연세계의 창조로 시작되었으나, 두 번째 창조는 인간 자신과 눈에 보이지 않는 인간 영혼의 재창조로 시작됩니다.

인간성의 새로운 창조

하나님께서는 최초의 인류를 창조하시는 일을 세계 창조 맨 마지막에 두셨습니다. 그렇지만 타락한 그 세계를 재창조하실 때에는 인간 안에 새 본성을 부여하시는 것으로부터 그 일을 시작하십니다. "그런즉 누구든지 그리스도 안에 있으면 새로운 피조물이라 이전 것은 지나갔으니 보라 새것이 되었도다"(고후 5:17).

기독교에서 말하는 구원의 개념이 중요하게 대두되는 것이 바로 이 때문입니다. 왜냐하면 기독교의 구원은 단지 과거의 죄에 대한 용서와 미래의 천국 생활에 대한 보장만이 아니라, 현재의 삶을 행복하게 살아갈 수 있는 근거를 부여하는 것이기 때문입니다. 그것은 하나님의 은총에 의해 주어지는 새로운 인간성의 부여입니다.

그러나 그것이 구원을 통해 자연인의 전 본성을 제거하고 제3의 본성을 심는다는 의미가 아닙니다. 그렇게 되면 구원받기 이전의 인간과 구원받은 이후의 인간 사이의 정체성이 단절될 것입니다.

정신없이 달리던 마차도 어느 순간 멈추어야 할 때를 만나는 것처럼, 자신을 주체하지 못한 채 무엇인가에 떠밀리듯 살아가는 우리의 일상도 잠시 멈추어 서야 할 때가 온다. 진정으로 행복한 삶은 그리스도 안에서 그분과 함께 자신이 삶의 주체가 되어 지혜롭고 의미 있는 삶을 사는 것이다. 고갈되지 않는 삶의 에너지는 우리의 영혼과 정신에서 나오고, 그 정신과 영혼의 생명은 하나님으로부터 온다.

새로운 인간성을 부여하시는 하나님의 사역은 이미 있는 본성을 갱신함으로 어두운 지성을 밝히고, 완고한 의지를 부드럽게 하며, 자기에게 붙들렸던 사랑을 하나님과 이웃에게로 방향을 바꾸어 주는 것입니다.

이러한 새로운 본성은 성령으로 인해 중생과 함께 주어진 본성인데, 이것으로 인간은 하나님, 이웃은 물론 자신과 또 자연세계와 올바른 관계를 맺으며 하나님께서 지정하신 질서 안에서 행복하게 살 수 있는 가능성을 얻게 됩니다.

이 모든 올바른 관계 맺음의 가능성은 하나님께서 그리스도를 통하여 이루신 속죄 사역에 기초한 것입니다. "이 예수를 하나님이 그의 피로써 믿음으로 말미암는 화목제물로 세우셨으니 이는 하나님께서 길이 참으시는 중에 전에 지은 죄를 간과하심으로 자기의 의로우심을 나타내려 하심이니"(롬 3:25).

이러한 속죄의 동기는 인간을 향한 하나님의 박애적인 사랑입니다. 이것은 인간의 망가진 본성을 고쳐 온전하게 하시어 하나님과 올바른 관계를 맺고, 거기에서 부여되는 생명과 사랑으로 올바른 관계망 속에서 행복하게 살게 하시려는 하나님의 은혜입니다. 그리고 그렇게 당신 안에서 행복을 누리며 살아가는 인간의 만족 안에서 하나님도 기쁨을 얻으십니다.

구원과 함께 주어진 새 본성은 타락하기 전 인간이 누리던 본성입니다. 그러나 이렇게 주어진 새 본성은 아직 잔존하는 옛 본성과 공존합니다. 원리적으로는 옛 본성의 법이 파괴되고 새 본성의 법이 심겨져(롬 8:1-2), 더 이상 죄가 신자에 대해 예전처럼 절대적인 지배력을 행사할 수 없게 되었습니다.

그러나 우리의 구원이 완성되기 전까지 두 본성 사이의 갈등은 계속됩니다. 심겨진 지순의 사랑과 잔존하는 자기 사랑, 신령한 은혜와 부패한 죄벌(罪罰, *poena*)이 한 마음 안에서 서로 갈등하며, 신자의 의지의 선택을 기다리는 것입니다. 옛 성품의 죄와 부패성을 극복할 생명과 사랑의 능력은 성령의 은혜를 따르는 신자의 믿음과 순종 안에서 주어집니다.

여기서 우리는 인간의 구원을 위한 하나님의 비밀스러운 지혜를 엿볼 수 있습니다. 타락으로부터 인간을 구원함에 있어서만 하나님의 은혜의 선도적인 역사가 필요한 것이 아니라, 구원받은 백성으로서 하나님의 창조 목적을 따라 살아감에 있어서도, 그러한 삶 안에서 인간으로서 행복을 누림에 있어서도 하나님을 온전히 의존해야 함을 보여주신 것입니다.

하나님께서 천지를 창조하신 목적이 당신의 영광을 드러내는 것임은 의심할 여지가 없는 사실입니다. 타락한 인간의 불완전함

(incompleteness)과 추함(deformity)으로 하나님의 영광을 드러내시려는 창조 목적이 좌절되는 것 같았으나, 하나님께서는 무한한 지혜로 죄인들을 구원하시는 경륜의 과정을 통해서 인간이 타락하지 않았더라면 결코 나타날 수 없었을 당신의 존재와 성품을 탁월한 방식으로 이 세상에 드러내셨습니다.

하나님께서 인간에게 주신 계시가 일반 계시든 특별 계시든 간에 인간에게 알려져 피조물 안에 깃든 하나님의 선하심과 아름다움을 아는 기쁨에 동참하게 하는 데 기여해야 합니다. '감추어진 하나님'(*Deus absconditus*)은 '드러나신 하나님' (*Deus revelatus*) 안에서 확장되는 인간의 지혜를 통해 영광을 받으시기 때문입니다.

그러므로 한 사람이 예수 그리스도를 통해서 구원을 받는 것은 그가 참으로 인간에게 지정된 행복한 삶에 이르는 길에 들어서는 것인 동시에 인간으로 잘 사는 것이 가능한 길에 들어선 것입니다. 따라서 인간이 중생과 회심을 통해 그리스도인이 된 후에도 성화(聖化, sanctification)를 통해 참된 그리스도인이 되도록 부름받는 것은 참으로 하나님께서 창조 때 의도하셨던 인간으로 돌아가게 하시기 위함입니다.

중생과 회심이 참사람으로 잘 살기 위한 기초를 놓고 방향을 잡은 것이라면, 성화는 실제로 그 길을 가는 것이라고 말할 수 있습니다. 성화란 중생을 통해 심겨지고 회심을 통해 의식된 새로운 본성, 즉 거룩한 본성이 옛 본성을 누르고 항구적인 인간성으로 함양되는 것입니다.

이는 거룩한 생활로 존재의 울림이 있는 삶을 살게 하는 새로운 인격의 형성으로 나타납니다. 죄인의 모든 본성을 거룩하게 하시는 성령에 의한 성화 작용의 궁극적인 목표는 인간으로 창조 때 하나님께서 부여하신 삶을 기뻐하고 그러한 삶을 살아가는 것이 그의 본성이 되게 하는 것입니다.

인간이 하는 일은 그의 사람됨과 다를 수 없습니다. 인간의 행복이 하나님, 이웃, 자신, 자연과 올바른 관계를 맺는 것에 있다면 그렇게 관계를 맺게 하는 능력은 그의 본성에 달려 있습니다. 왜냐하면 인간의 삶은 본성의 펼침이고 본성은 삶의 접힘이기 때문입니다.

하나님께서 인간을 중생하게 하시는 것은 독력적 사역(monergistic operation)이지만, 회심과 성화에 이르게 하시는 것은 협력적 사역(synergistic operation)입니다.

인간이 타자와 올바른 관계를 맺는 것은 그의 본성과 인격 안에서 역사하시는 하나님의 은혜의 결과입니다. 인간의 행복이 하나님과 인간, 자신, 자연과 더불어 올바른 관계를 맺고 그 관계 안에서 하나님과 이웃을 사랑하며 사는 데 있다면, 인간이 행복해지기 위해서는 그 일을 수행하기에 적합한 항구적이고 새로운 인간성이 그 자신 안에 함양되어야 합니다.

구원받기 전까지 자연인은 세 가지 어두움 속에서 살아갑니다. 첫째로는 영적 어두움(spiritual darkness)입니다. 이는 오성의 어둠으로, 하나님의 존재와 성품을 비롯한 신령한 것들에 대한 무지의 어둠입니다. 둘째로는 지적 어두움(intellectual darkness)입니다. 이는 이성의 어둠으로, 하나님과 사물 안에 있는 인과관계를 시간과 공간의 방해 때문에 또한 가르침이 없기 때문에 가지게 된 어둠입니다. 셋째로는 도덕적 어두움(moral darkness)입니다. 이 어둠은 선과 악을 바로 판단하지 못하는 인간의 내적 눈멂으로 말미암아 악한 일을 행하는 행실의 어둠입니다.

신자는 이미 세 가지 어두움으로부터 구출되어 빛의 나라로 옮겨진 사람입니다(행 13:47, 벧전 2:9). 그러나 동시에 그는 더 이상 빛이 필요 없도록, 스스로 완전한 빛의 삶을 항구적으로 살도록 보증된 완전한 빛의 사람은 아닙니다. 신령한 빛을 받았으나 그의 오성 안에는 영적 어두움이 공존하고, 그의 이성 안에는 지적 어두움이 공존합니다. 또한 윤리의 빛을 받았으나 그의 본성 안에는 도덕적 어두움이 공존합니다. 따라서 중생을 통해 새롭게 빛을 부여받았다고 할지라도, 세 가지 어두움을 물리치기 위해서는 성령의 도움과 신자의 순종이 반드시 요구됩니다.

중생과 함께 시작된 새 본성의 삶은 두 가지로 요약됩니다. 첫째로 존재론적으로 변화된 사랑의 성향 안에서 자라가는 것입니다. 이것을 성경은 신자 안에 있는 은혜의 성장이라고 부릅니다(딤후 2:1, 벧후 1:2).

둘째로 인식론적으로 변화된 신적인 아름다움에 대한 지식 안에서 자라가는 것입니다. 이 지식의 핵심은 그리스도입니다. 만물에 관한 모든 지식이 궁극적으로 그것을 창조하시고 다스리시는 하나님을 나타내지만 하나님을 가장 분명한 방식으로 보여주신 분은 성육신하신 그리스도입니다. 이 그리스도를 아는 지식 안에서 자라가는 것을 성경은 지식의 성장이라고 부릅니다(빌 1:9, 벧후 3:18).

신자는 이런 은혜와 지식의 성장 안에서 타자와 이타적인 사랑의 관계를 맺으며 자신의 존재 의미를 확인할 뿐 아니라 이웃과 세계의 존재 의미를 올바로 드러내는 삶을 살도록 부름받았습니다. 그리고 이러한 관계망 안에서 하나님께서 의도하신 질서를 따라 인간과 만물의 쉼과 행복한 상태를 증진하는 삶을 살아갈 때, 비로소 인간은 행복할 수 있습니다. 그렇기 때문에 인간의 행복은 칼빈이 지적한 바와 같이 '질서 지워진 선한 삶'(la vie bien ordonnée) 안에 있습니다.

빛이 없다면 건강한 눈도 쓸모가 없다. 인생의 불행은 영혼과 지성의 어둠인데, 그 어둠들 가까이에 도덕적 어둠이 있다. 그러므로 우리는 "진리는 나의 빛"(*Veritas est mea lux*)이라는 고백 속에서 살아야 한다. 각자 깨달은 진리의 분량도 다르고 그것을 다른 사람에게 가르칠 수 있는 능력도 서로 다르지만, 그리스도인은 빛을 사모하며 사는 사람들이어야 한다.

인간이 참으로 잘 사는 것은 행복하게 사는 것입니다. 그런데 인간이 참으로 현재적으로 행복하면서 그것이 미래의 불행이 되지 않기 위해서는 참된 행복의 근원에 잇대인 삶이어야 합니다. 그 행복의 근원이 삼위 안에서 행복하신 하나님의 지복이기에, 하나님께서 죄인들을 불러 그리스도를 통해 당신과 생명적인 관계를 맺게 하십니다.

하나님께서 인간의 죄를 용서하시고 불결한 인간의 성품을 순결하게 하시는 것은 이제 당신과 맺은 영적 관계를 통해 주어지는 하늘 자원으로서 사람들과 올바른 관계를 맺게 하시기 위함입니다.

우리가 올바른 관계를 맺어야 할 사람들 중에는 이미 우리처럼 하나님과 올바른 관계를 맺고 하늘 자원을 풍부히 소유한 사람도 있습니다. 이들과 올바른 질서 안에서 관계를 맺고 살아가는 데는 그리 큰 어려움이 없습니다. 그러나 우리가 관계를 맺는 사람들 중에는 은혜의 자원이 고갈된 채로 하나님과는 물론, 인간과도 올바른 질서 안에서 관계를 맺지 못하고 멀리 떠나 있는 사람들도 있습니다.

우리는 이들과 하나님께서 지정하신 질서 안에서 올바른 관계를 맺고, 하나님과 올바른 관계를 맺게 해주는 일에 매우 많은 영적이고 정신적인 에너지가 필요하다는 사실을 늘 경험합니다. 그리하여 하나님께서 성경과 학문을 통해 이런 질서들을 알게 하실 뿐 아니라 실제의 삶에서 자신이 이런 질서들을 따라 살고 다른 사람들을 그렇게 살아가도록 도울 수 있게끔 사랑으로 감화시키십니다. 우리는 그것을 '은혜'(恩惠)라고 부릅니다.

인간의 참된 행복은 하나님 안에서 다른 사람들과 올바른 관계를 맺음으로써 자신뿐만 아니라 이웃들도 하나님의 행복 안에서 살게 하는 데 있습니다.

제4장 잘 사는 것과 거룩함

인간이 잘 산다는 것은 무엇입니까?

인간으로 잘 살기 위해서는 본질적으로 그렇게 살 수 있는 사람됨을 가지고 있어야 합니다. 인간성의 펼침이 삶이라면, 삶의 접힘이 인간성입니다. 거룩함의 펼침이 행복한 삶이고, 행복한 삶의 접힘이 거룩함입니다.

MAN AND LIVING A GOOD LIFE

하나님께서는 당신을 떠나, 당신 없이, 당신 바깥에서 행복을 찾기 때문에 불행해진 인간들을 위하여 인간으로서 잘 살 수 있는 길을 열어 주셨습니다. 그것은 하나님, 인간, 자신, 자연세계와 맺은 관계로 질서 지워진 가운데 타자와 올바른 관계를 맺고 그들의 쉼과 복된 상태에 이바지하는 삶입니다.

하나님께서 인간을 구원하시고 성화의 길을 가게 하시는 것은 바로 이렇게 타자와 올바른 관계를 맺으며 살아갈 수 있는 새롭고 항구적인 인간성을 함양하시기 위해서입니다. 왜냐하면 이 세상에서 인간이 살아간다는 것은 결국 그의 인간성 곧 성품의 발현이기 때문입니다.

그리하여 하나님께서는 인간을 잘 살게 하시기 위하여 단지 그를 그리스도의 십자가로 구원하실 뿐 아니라 지속적인 말씀과 은혜의

하늘을 나는 새들을 보며 자유를 생각한다. 새의 자유가 하늘을 나는 것이듯 인간의 자유는 진리를 향한 정신과 영혼의 속박받지 않는 비상에 있다. 인간의 자유는 정신의 비상이다. 더 높은 가치와 아름다움을 위해 날아오르는 것에서 자유를 느낄 수 있어야 한다.

공급을 통해 그의 성품을 근원적으로 변화시켜서 예전과는 전혀 다른 삶을 살게 하십니다. 그러나 그것이 곧 하나님께서 단지 그의 인간성을 바꾸어 놓을 뿐 더 이상 간섭하지 않으신다는 의미는 아닙니다. 오히려 하나님께서는 신자 안에 성령의 교제를 지속적으로 두심으로써 변화된 인간성 안에서 역사하시는 하나님과 동행하게 하십니다.

이렇게 인간의 행복이 관계 맺음에 있다면 '잘 사는 것'은 올바른 관계 안에서 하나님께서 인간에게 의도하신 '인간'이라는 유(類)와 개체의 고유한 특성을 잘 드러내는 것에 있습니다. 이것은 거룩함과 밀접한 관련이 있습니다. 인간이 올바른 관계를 맺을 수 있다는 것은 먼저 하나님과 올바른 관계를 맺음으로써 그분께만 배타적으로 봉헌된 존재, 즉 거룩하게 되어야 가능하기 때문입니다.

잘 살기 위한 거룩함

기독교에서는 비관적 인간관으로 출발해서 낙관적 인간관으로 끝을 맺습니다. 다시 말해서 타락 이후로 하나님과의 관계가 끊어지고, 인간으로서 잘 살 수 있는 하늘 자원의 공급은 물론 땅의 자원의 고갈과 결핍을 경험하게 되었습니다.

인간은 '잘 사는 것' 을 간절히 원해도 그럴 수 없는 존재가 된 것입니다. 마치 거리를 질주하며 달리던 기억은 있지만, 팔다리가 잘려 실제로는 거의 움직일 수 없는 장애인이 된 마라토너처럼 말입니다. 따라서 인간으로서 잘 살기 위해서는 먼저 인간 자신이 그럴 수 있도록 고쳐지지 않으면 안 됩니다.

존 오웬(John Owen, 1616-1683)은 하나님께서 그리스도의 속죄를 통해 인간을 구원하시는 것은 "그들을 참으로 사람이 되게 하시기 위해서이다."라고 하였습니다. 여기서 말하는 구원은 소명, 중생과 회심뿐 아니라 믿음, 칭의, 수양과 성화, 나아가서 성도의 견인과 영화에 이르기까지의 모든 과정을 포괄하는 것입니다. 이는 하나님께서 구원을 통해, 원래 창조되었던 온전한 인간의 상태로 회복시키는 과정이기도 한데 그것은 곧 하나님과의 관계를 회복한 데서 오는 거룩함의 회복입니다.

그러기에 잘 산다는 것은 곧 거룩하게 산다는 것입니다. 여기에서 산다는 것을 한정하는 '잘' 이라는 말은 인간의 행위나 상태에 대해 궁극적인 판단자가 있음을 전제로 합니다. '잘 사는 것' 이 있으면 '잘못 사는 것' 도 있을 것이고, 어떤 기준이 없이는 '잘' 과 '잘못' 을 판단할 수 없기 때문입니다. 그러므로 잘 사는 것이라는 말 속에는 인간을 초월하는 판단자, 인간이 살아가면서 궁극적으로 대면해야 하는 하나님이 계심을 전제로 합니다.

1. 잘 사는 것의 판단

인간으로 '잘 사는 것'이 무엇인지를 규명하기 위해서는 다음의 사항들을 숙고할 필요가 있습니다. 첫째는 잘 사는 것에 대한 항구적이고 불변하는 판단의 기준은 무엇인가, 둘째는 객관적인 판단 기준과 인간의 주관적인 행복이 어떻게 조화를 이룰 수 있을 것인가, 마지막 셋째는 나의 행복 추구가 어떻게 하나님께 영광이 되며 이웃의 행복에도 이바지할 수 있는가 하는 것입니다. 이에 대한 설명은 다음과 같습니다.

첫째로는, 무엇이 잘 사는 것인지에 대한 객관적인 판단 기준을 알기 위해서는 먼저 인간이 무슨 목적으로 창조되었는지를 살펴보아야 합니다. 인간 창조의 목적을 세계 창조 목적이라는 큰 틀에서 이해한다면 하나님께서는 자신을 드러내기 위해 세계를 창조하셨습니다. 세계에 드러난 하나님 자신의 영광과 피조물 안에 두신 선과 아름다움을 인간들이 증진함으로써 자연의 쉼과 복된 상태를 증진하기를 원하셨습니다.

이 세상을 창조하시기 전, 하나님께서는 이미 창조될 세계에 대한 당신의 관념을 가지고 계셨습니다. 하나님 안에 있는 창조세계의 관념들은 논리적으로 하나님 존재에 앞서지 못합니다. 그러나 하나님께서는 자신 안에서 없었던 것이 생겨나고 있었던 것을 망각하시는 분이 아니기 때문에 창조세계의 관념들은 하나님 자신과 함께 영원하다고 말할 수 있습니다.

하나님께서 창조될 세계의 개별적 사물들에 대한 관념을 가지고 계셨다면, 그것들 사이에 존재하는 관계들에 대한 관념도 가지고 계셨을 것이라고 하는 것은 지극히 이성적입니다. 그것은 단지 자연적인 상호 연관이나 역학 관계뿐만 아니라, 개별적 인간들 사이의 상호 연관이나 사회 구성원들 사이에 도덕적 질서까지 포함하는 것입니다.

하나님께서는 창조세계에 대한 당신의 영원한 관념들이 시공간 속에 나타나는 창조를 통하여 기뻐하셨으며, 창조 이후에 인간과 자연적 사물들이 당신의 관념 속에 있었던 두 질서, 곧 자연적 질서와 도덕적 질서를 드러내고 증진하는 것을 통하여 영광을 받으셨던 것입니다. 특히 인간은 자연세계에 노동을 더함으로써 만물의 선함과 아름다움을 증진하도록 부름받았습니다. 그리고 이것이 곧 인간 창조의 목적입니다. 이것이 곧 인간이 잘 사는 것이 무엇인지를 판

모든 권력을 가진 왕이 자신의 궁전 창문에 이렇게 육중한 쇠창살을 친 것은 무엇에 대한 두려움 때문일까? 모든 것을 누린다고 할지라도 영혼의 자유가 없다면 그것은 참으로 인간으로서의 삶을 사는 것이 아니다. 우리로 하여금 자유로운 영혼으로 살지 못하게 가로막는 것은 무엇일까?

단하는 기준입니다. 따라서 이 목적에 부합할 때 인간은 잘 사는 존재가 될 수 있습니다.

둘째로는, 잘 사는 것의 여부를 판단하는 객관적인 기준과 행복하다고 느끼는 인간의 주관적인 판단의 조화는 하나님의 사랑으로 돌아갈 때 가능해집니다. 인간이 잘 살지 못하는 이유는 하나님께서 세계를 창조하신 목적과 인간을 지으신 목적을 자신의 것으로 받아들이지 못하기 때문입니다. 그리고 그 창조의 목적대로 사는 것이 자신에게 행복을 가져다 준다고 믿지 못하기 때문입니다.

타락한 인간의 본성 안에는 자기 사랑이 있습니다. 그리고 이 자기 사랑은 하나님께서 정하신 인간이 잘 삶으로써 얻는 행복에 만족하지 못하게 합니다. 그러기에 먼저 중생과 회심을 통해 인간 존재의 성향이 자기 사랑에서 하나님 사랑으로 변화되지 않으면 안 됩니다. 이는 하나님의 사랑으로 회귀해야지만 하나님의 뜻과 창조의 목적을 자신의 것으로 받아들일 수 있기 때문입니다. 우리가 인간 영혼의 구원 없이는 참된 행복에 이를 수 없다고 말하는 이유가 바로 여기에 있습니다.

셋째로는, 자신의 행복 추구가 창조의 목적, 즉 하나님께 영광이 되고 이웃을 행복하게 하는 것과 조화를 이루기 위해서는 인생에 대한 이기적인 동기를 버리고 우주적인 하나님의 사랑으로 돌아가야 합니다. 그리고 그 사랑 안에서 끊임없이 삶의 동기를 발견하여야 합니다.

하나님께서는 이 세상을 창조하실 때 인간과 만물이 당신 안에서 쉼과 만족을 얻게 하셨습니다. 그리고 하나님과 영적인 교통 안에서 생명과 사랑을 공급받음으로써 인간이 참된 행복을 누리게 하셨습니다. 그러나 인간은 타락함으로 그 질서를 벗어났고, 하나님과 이웃과의 관계의 파괴 속에서 불행한 삶을 살아갈 수밖에 없는 존재가 되고 말았습니다. 하지만 이것은 오히려 하나님의 선하심이 드러나는 기회가 됩니다.

하나님께서는 하나님을 떠난 인간이 악과 고통을 경험하게 함으로써, 인간 스스로 행복의 근원이신 하나님을 떠났음을 깨닫게 하시기 때문입니다.

2. 잘 사는 것과 거룩함

인간으로 잘 살기 위해서는 본질적으로 그렇게 살 수 있는 사람됨을 가지고 있어야 합니다. 그리고 신자가 되지 않고는 하나님께서 의도하신 인간이 되어 잘 살 수 없기에 인간으로 '잘 사는 것'과 신자의 '거룩함'은 불가분의 관계에 있습니다. 바로 이 지점에서 우리는 외재적으로 잘 사는 것과 내재적으로 거룩하게 되어 행복한 사람이 되는 것이 일치함을 봅니다.

한 사람의 인생의 발자취는 그의 사람됨이 그려 온 궤적입니다. 하나님께서는 중생과 회심을 통해서 이미 새롭게 되었지만 다른 한 편으로는 아직 완전하지 않은 신자들을 성화를 통해 거룩하게 하십니다. 성화는 신자의 일생 동안 계속되는 하나님의 은혜로운 역사로 구원받은 죄인을 죄의 부패에서 깨끗하게 하시며 그의 전 본성을 하나님의 형상으로 갱신하여 죄인으로 하여금 선한 일을 할 수 있게 하는 성령의 역사입니다.

하나님을 사랑하도록 변화되었지만 여전히 자기 사랑이 남아 있는 신자는 이 땅에서 성화를 통해서 '거룩한 사람됨'과 '거룩한 살아감'을 이루면서 하나님께서 바라셨던 인간 존재의 목적을 성취하면서 잘 살 수 있습니다.

이 세상과 육신의 특징은 바로 죄입니다. 죄는 하나님에 대한 적의(敵意, enmity)로, 곧 하나님에 대한 반감(反感, aversion)과 대적(對敵, opposition)으로 이루어집니다. 아담과 하와가 타락함으로 죄가 세상의 인류를 덮고 사회 전체에 영향을 미치게 되었는데, 이것은 인류의 생존 자체가 불가능하게끔 지구가 절망적인 상태가 되었다는 말이 아니라 인간이 사회적으로나 본성적으로 죄의 영향을 벗어날 수 없게 되었음을 의미합니다.

죄의 영향력을 벗어날 수 없는 상태에 빠진 인간의 죄악된 본성을 순결하게 하시는 성령의 역사는 인간의 믿음과 순종을 요구합니다. 신자의 잔존하는 죄의 부패성으로부터 거룩하게 하시는 주체는 성령이지만 성령은 우리를 성화되어 가게 할 때 당신 홀로 일하시지 않고 인간의 믿음과 순종을 통해서 일하시기 때문입니다.

3. 그리스도와의 연합

예수 그리스도를 믿는 신앙에서 최고의 신비는 구원받은 신자와 그리스도와의 연합(*unio cum Christo*)입니다. 이 결합은 본질적으로 신령하고 신비한 연합입니다. 하나님이신 그리스도와 피조물인 인간의 연합이기 때문에 그러하고 교회를 통한 연합이기 때문에 그렇습니다. 그리스도를 믿음으로 구원받은 신자들은 그리스도의 몸인 교회에 접붙여지는데 그리스도는 교회의 머리가 되십니다. 이렇게 신자들은 그리스도의 몸인 교회에 접붙여짐으로 그리스도와 연합을 이룹니다.

그러므로 신자의 구원은 처음부터 교회론적 의도 속에서 예정된 것입니다. 삼위일체 하나님의 사랑은 아들인 성자에게 부어지고,

교회의 머리이신 성자에게 부어진 사랑은 그의 몸이자 신부인 교회에 부어지고, 신자 개개인은 영적으로 교회에 접붙여진 몸으로서 그 사랑에 참여하는 것입니다. 이 사랑은 곧 영적 생명입니다. 그러므로 신자가 하나님으로부터 받는 영적 생명과 사랑은 그리스도와의 연합의 결과입니다.

그리스도와의 연합의 핵심은 그리스도의 죽음(death)과 부활(resurrection)입니다. 신자는 과거에 있었던 그리스도의 십자가 죽음과 부활에 믿음으로 현재적으로 참여하는데 그리스도의 죽음과 부활을 신자에게 적용하는 주체는 성령이십니다.

여기에서 죽음은 십자가에 못 박힘(crucification)을 통한 죽음입니다. 신자는 그리스도와의 영적인 연합 안에서 그리스도의 십자가의 죽음에 참여합니다. 즉, 예수 그리스도의 십자가 죽음은 이천 년 전에 일어난 일이지만 이 사건이 영적인 실재로 신자 안에서 지금 경험되는 것을 말합니다.

그리스도께서 자신과 구원받을 인류를 포함하는 온 교회를 위해 십자가에서 이천 년 전에 죽으신 죽음이 자신의 영혼에 침투해 와서 실재화가 이루어지는데, 이때 신자는 자기를 사랑하고 하나님을 거슬러 살고자 하는 죄악 된 옛 본성이 죽는 것을 경험합니다.

그 죽음의 효과는 전체적으로는 죄스런 본성을 파괴하고 개별적으로는 죄에 대한 욕망을 죽이는 것입니다. 이것이 기독교 경건의 핵심적인 비밀입니다.

신자가 만나는 시련과 고난이 그를 거룩한 사람으로 변화시켜 거룩하게 살아가는 도구가 되는 것도 이것과 관련됩니다.

하나님께서는 이렇게 신자를 거룩하게 하여 창조 시에 당신이 의도하셨던 사람이 되게 하시기 위하여 그의 삶에 십자가를 사용하십니다. 이 십자가에 대해 칼빈은 "하나님께서 우리를 성숙하게 하기 위하여 사용하시는 모든 고통과 환란을 가리키는 것이다."라고 하였습니다.

절대적인 의미의 십자가는 우리의 죄와 상관없이 그리스도 때문에 애매하게 당하는 고난입니다. 정의 실현과 복음 전파를 위한 박해나 단지 그리스도인이기 때문에 이웃으로부터 받는 미움이나 사회적 불이익을 포함합니다. 상대적인 의미의 십자가는 전적으로 혹은 부분적으로 우리의 죄 때문에 당하게 되는 고난과 시련, 고통을 의미합니다.

이처럼 고통스러운 객관적인 삶의 사태들이 신자 안의 죄를 죽이는 도구가 되기 위해서는 그것들을 십자가로 받아들이게 하시는 성령의 은혜와 신자의 믿음이 필수적입니다. 다시 말해서 자신이 지금 당하고 있는 고통스러운 삶의 상황들 안에서 자기를 구원하시기

절벽에도 생명은 있다. 생명은 어느 철학자가 말한 바와 같이 "모든 죽음에 항거하는 기능이다." 신자의 생명은 예수 그리스도와의 연합이다.

위해 십자가에서 고난당하시는 그리스도를 믿음으로 바라보는 것입니다. 이때 그는 자신의 시련과 고난, 즉 자기의 십자가를 그리스도의 십자가 죽음에 투사하는 믿음과 성령의 역사로 그는 죄에 대한 사랑이 죽는 것을 경험합니다.

신자의 이 죽음은 자신 안의 '부패한 옛 본성'이 그리스도와 함께 십자가에 못 박히는 경험입니다(갈 5:24). 이렇게 십자가를 짐으로써 죄에 대한 사랑을 죽인 신자는 더욱더 거룩한 삶을 살아가게 되기에 시련과 고난은 거룩하게 살아가는 도구가 됩니다.

또한 신자는 그리스도와의 연합을 통해 부활을 경험합니다. 그리스도의 십자가 죽음은 끝이 아닙니다. 오히려 그리스도가 부활하심으로써 승귀(昇貴)를 이루는 필수적인 과정입니다. 그리스도께서는 죽음에서 부활하신 후 모든 만물 위에 뛰어난 만물을 다스리시는 주(主)가 되시면서 우주적으로 높아지셨습니다(빌 2:9).

그리스도와 신비적인 연합 안에서 그분과 함께 못 박힌 죽음을 경험한 신자는 자신 안에 있는 죄의 경향성이 죽는 것과 자기 사랑이라는 옛 본성이 파괴되는 것을 경험하는데 이에 뒤따르는 것이 바로 부활의 경험입니다. 이 부활의 경험은 그리스도와의 연합을 통해 주어지는 신적인 생명이 공급되는 것을 가리킵니다.

그리스도의 부활의 실재화를 경험한 신자에게 그가 개인적으로 짊어지는 십자가는 신적 생명과 사랑을 부여받는 기회로 승화되는 것입니다. 여기에서 생명과 사랑은 하나님께서 그리스도를 통하여 그분의 몸인 교회에 주시는 하늘 자원입니다. 이 생명은 타자와 관계를 맺도록 끊임없이 솟아나는 힘이라는 점에서 곧 사랑이라고 할 수 있습니다.

예수 그리스도와의 연합 속에서 십자가 죽음에 참여함으로써 경험하게 되는 부활은 또한 그리스도의 다시 사심에 영적으로 참여하는 것입니다. 이 세상에서 만나는 고통스러운 삶의 많은 사태들 앞에서 그리스도의 십자가를 생각하며 고난받을 때 죄와 정욕이 함께 죽습니다. 바로 그 지점에서 이천 년 전의 그리스도의 부활이 영적으로 우리의 마음 안에서 실재화됩니다.

시련과 고난, 환란과 역경 속에서 깊이 고통받을 때 우리 안에는 생명보다는 죽음의 기운이 득세하지만, 성령의 은혜를 통해 부활의 기운이 스며들며 죽음을 이길 생명을 경험합니다. 그래서 미워할 수밖에 없는 사람을 용서하고 사랑할 수 없는 사람을 사랑할 수 있는 의지가 생겨납니다. 이것은 단지 이론과 지식의 문제가 아니라 매일매일 살아야 하는 우리의 삶의 문제입니다.

칼빈은 그리스도와의 연합 안에서 신자가 경험하는 십자가 죽음과 부활의 실재화를 '죄 죽임'(mortification of sin)과 '은혜 살림'(vivification of grace)이라고 칭하였습니다. 그는 신자의 거룩한 사람됨과 거룩하게 살아감이 신자 안에 있는 죄를 죽이고 은혜를 살리는 것에 달렸다고 보았습니다. 이렇게 신자 개인의 영혼 안에서 발생하는 죄 죽임과 은혜 살림의 경험은 머리이신 그리스도와 연합된 몸인 교회에 성례전적으로 봉헌됩니다.

신자가 하나님께 올릴 최고의 제사는 그리스도와 신비한 연합 안에서 매순간 죄에 대하여 죽고 의에 대하여 다시 태어나는 것이기 때문입니다(고전 15:31). 이러한 신자 개개인이 경험하는 죄 죽임과 은혜 살림을 통해 보편 교회는 더욱 거룩한 사람됨과 거룩하게 살아감을 이루게 됩니다.

신자가 매일 참여하는 은혜의 수단들은 이러한 그리스도와의 연합을 원리적으로만 아니라 실제적으로 증진하기 위해 마련한 것입니다. 십자가 죽음과 부활의 실재에 대한 경험을 통해 하나님께서 인간에게 의도하셨던 '사람됨'과 '살아감'에 방해되는 것을 없애시고 거기에 더욱 이바지하도록 북돋우시기 때문입니다.

거룩한 삶과 인간성의 변화

인간은 거룩한 존재로 창조되었지만 스스로 타락하여 하나님과의 올바른 관계를 상실하였습니다. 이로 인하여 이웃과의 관계도 파괴되었고, 자연세계에 대해 선량한 관리자의 지위도 상당 부분 상실하였습니다. 그러나 하나님께서는 행복의 근원으로부터 멀어져 불행하게 된 인간을 그대로 내버려두지 않으셨습니다.

하나님을 대적한 인간을 불쌍히 여기시고 당신과의 관계를 새롭게 수립함으로써 행복에 이를 수 있는 길을 열어 주셨는데, 이 길은 철저히 그리스도의 중보(mediation of Christ)를 통해 이루어졌습니다.

1. 그리스도의 영원한 중보

하나님과 인간 사이에는 무한한 존재적 격차가 있습니다. 하나님께서는 신이시고 인간은 한낱 먼지보다 못한 피조물이기에 더욱 그렇습니다. 그럼에도 불구하고 인간은 하나님의 형상을 부여받았습니다. 그로 인하여 하나님과 교통하며 인간 사회 안에서 그것을 사랑으로 기뻐하며 행복할 수 있게 되었고, 자연 만물이 쉼과 행복 안에서 선과 아름다움을 드러낼 수 있도록 다스리라는 부름을 받았습니다. 그러나 인간은 스스로 타락하여 아름다운 지위를 상실하였습니다.

그리스도의 십자가 보혈은 인간을 창조 때의 아름다운 지위로 다시 회복시켜 주는 유일한 길이 되었고, 그리스도께서는 인간 구속의 영원한 중보자가 되셨습니다.

인간이 하나님으로부터 죄 사함을 받아 새로운 관계를 수립하는 근거가 그리스도에게 있습니다. 그리고 그 관계를 유지해 나가는 근거 또한 그리스도의 중보에 있습니다. 그러기에 그리스도께서는 창조뿐만 아니라 구속에서도 유일한 중보자가 되십니다. 또한 타락한 인류가 마지막 날에 구원의 완성을 보게 되는 것도 그리스도에 의해서입니다.

십자가에서 죽으신 후 예수 그리스도께서는 부활 승천하셨고, 모든 만물 위에 높이 찬송받으실 분이 되셨습니다. 성부 하나님께서는 성자 하나님을 향한 인류의 찬송을 기뻐하시며 전심으로 그리스도의 중보를 의존하는 인간의 마음 안에서 큰 영광을 받으십니다. 왜냐하면 하나님께서는 당신의 위엄과 성품의 영광을 그리스도를 통하여 드러내심으로 온 인류를 구원하는 것을 기뻐하셨기 때문입니다. 그래서 칼빈은 그리스도를 우리의 '양자 됨의 고리'(*adoptionis vinculum*)라고 하였습니다.

피조세계의 우주적인 창조에서부터 그리스도의 교회를 이루기 위한 개인적인 재창조, 나아가서 성화와 영화를 통한 구원의 완성과 하나님 나라의 완전한 성취에 이르기까지 하나님께서는 인간이 그리스도를 절대적으로 의존하게 하셨습니다. 구원받을 때뿐만 아니라 매일매일의 성화의 삶에서 그리스도를 전적으로 의존하게 하셨고, 인간은 그 의존 안에서 하나님을 사랑하고 하나님 때문에 사랑해야 하는 것들을 사랑할 수 있게 됩니다.

하나님의 아름다움은 피조물을 의존하지 않으며 모든 것 위에 초월하여 계신 '독립성의 아름다움'(beauty of independence)이며, 피조물의 아름다움은 하나님을 의존하며 만물들 안에 있는 '의존성의 아름다움'(beauty of dependence)입니다.

그런데 하나님께서는 인간의 당신을 향한 의존이 그리스도를 통한 의존으로 나타나게 하셨습니다. 그 절대적인 의존 안에서 하나님과 교회와 이웃을 사랑하고 자연세계를 선량하게 돌볼 수 있게 하셨습니다.

성화의 모본은 예수 그리스도이십니다. 그렇기 때문에 신자가 인간으로 '잘 사는 것'은 우리에게 가시적인 삶의 모본을 보이신 예수 그리스도를 본받아 사는 삶이라고 할 수 있습니다. 성경을 통해 계시된 그분과 같은 '사람됨'과 그분처럼 '살아감'이 신자의 경건의 핵심입니다. 이것을 통해 신자는 존재의 울림이 있는 삶을 살게 됩니다.

2. 변화된 인간성과 관계 맺음

인간의 행복은 원천적으로 하나님께 있지만 인간은 사람들과 맺는 관계, 나아가서는 자연 만물과 맺는 관계를 통하여 하나님 안에 있는 사랑을 누립니다. 그런데 타락한 인간에게는 다른 것들과 올바른 관계를 맺을 수 있는 능력이 없습니다. 그러기에 하나님께서는 인간성 자체를 변화시키십니다.

행복의 원천이신 하나님과 올바른 관계를 맺고 그 안에서 사람들과 올바른 관계를 맺으며 자연 만물을 선량한 관리자로서 다스릴 수 있도록 인간성을 변화시키십니다. 그리고 그 변화된 성향을 항구적으로 유지하게 하시는데, 바로 이 일을 인간 안에서 행하심으로써 하나님께서는 인간을 행복하게 하십니다.

악한 성향을 가진 사람도 우연히 선한 행동을 할 수 있습니다. 그러나 그것이 하나님 앞에서 '잘 사는 것'의 보증이 되지 않습니다. 인간은 인간성 안에서 관계를 맺는 존재이고, 하나님께서는 '사람됨'과 '살아감'을 통합해서 인간성을 보시기 때문입니다.

이러한 사상은 신약의 예수 그리스도의 가르침에서 풍부하게 나타납니다. "그들의 열매로 그들을 알지니 가시나무에서 포도를, 또는 엉겅퀴에서 무화과를 따겠느냐"(마 7:16). "좋은 나무가 나쁜 열매를 맺을 수 없고 못된 나무가 아름다운 열매를 맺을 수 없느니라"(마 7:18).

가시나무가 포도를, 엉겅퀴가 무화과 열매를 맺지 못하는 것은 숙명적인 필연이며, 좋은 나무가 좋은 열매를 맺고 못된 나무가 아름다운 열매를 맺을 수 없는 것도 필연입니다.

이러한 나무와 열매의 관계는 인간성과 행실의 관계와 같고, 포도나무 가지와 포도 열매의 관계와도 같습니다(요 15:1-5). '포도나무임'과 '포도 열매 맺음'은 시간과 공간 안에서 접힘과 펼침의 관계입니다. 즉, 포도나무는 아직 때가 이르지 아니하였기에 포도 열매를 맺지 못하였으나 때가 되면 반드시 포도 열매를 맺을 것입니다. '포도나무임' 안에 '포도 열매 맺음'이 들어 있기 때문입니다. 포도나무 안에 내재된 포도 열매 맺음은 잠재태로 존재하였다가 시간이 흐름에 따라 공간 안에서 펼쳐질 것입니다.

물론 인간의 성품과 행동의 관계는 포도나무가 포도 열매를 맺는 것처럼 기계적이지는 않습니다. 인간은 나무와 같은 자연 사물과는 달리 스스로 생각하는 주체이고, 지성과 감정을 가지고 의지를 행사할 수 있는 존재입니다. 그래서 때로는 인간이 자신의 성품의 빛에 비추어 예상할 수 있는 행동 양식에서 우연적으로 벗어나는 행실을 할 수 있습니다. 그러나 일반적으로 말해서 인간의 개별적이고 도덕적인 행동은 그의 도덕적 경향을 벗어나지 않습니다.

악한 경향을 가진 사람이 우연적으로 자신의 본성을 거슬러서 다른 사람의 평판을 계산하며 선을 행했을 때 이를 우리는 '위선'(僞善)이라고 부릅니다. 다시 말해서 악인의 그 선행은 도덕적으로 올

한 나무의 열매는 그 나무의 '나무 됨'의 산물이다. 이는 마치 한 사람의 일생이 그 사람의 '사람됨'의 궤적인 것과 같다. 이 나무가 저 나무의 열매를 맺을 수 없듯, 한 사람의 삶은 그 사람의 사람됨을 벗어날 수 없다.

바른 의도를 갖지 못한 우발적이고 예외적인 행동으로 평가하는 것입니다. 예수 그리스도께서 서기관들과 바리새인들을 탄핵하셨던 이유도 바로 이 때문이었습니다(마 23:27).

기독교 신앙에서 최대의 숙제는 구원받았지만 여전히 타락한 본성이 잔존하는 신자가 한 인간으로서 창조주 하나님 앞에서 살아야 펼침으로서의 삶을 접힘으로서의 새 성품이 되게 하는 것입니다. 아리스토텔레스를 비롯한 많은 철학자들이 인간의 본성을 '제2의 운명'이라고 본 이유도 이것 때문이었습니다.

따라서 신학적으로 볼 때 신자의 구원과 성화는 인간으로 하여금 참으로 그가 하나님을 향하여 마땅히 가져야 할 마음과 살아야 할 생활이 그에게도 즐거움이 될 수 있는 성품으로의 변화라고 말할 수 있습니다. 중생을 통해서 주권적으로, 독력적으로 그 방향을 바꾸시고, 회심과 성화를 통하여 인간의 의지와 협력적으로 그 목표를 실질적으로 성취하시고, 영화(glorification)를 통하여 그렇게 변화된 신자의 성품을 완성하고 항구화하시는 것입니다.

인간은 이처럼 변화된 인간성 안에서 하나님과 이웃과 올바른 관계를 맺으면서, 개인과 사회를 향한 하나님의 창조 목적을 구현해 가는 것입니다. 나아가서 하나님께서는 자연세계도 선량한 관리자로서 돌보고 가꾸어 선함과 아름다움을 발현하게 하십니다.

이처럼 하나님께서는 인간성을 변화시키시고 그것을 지속시킬 은혜를 주심으로 인간이 관계 안에서 행복할 수 있게 하십니다. 하나님과의 관계, 사람들과의 관계, 자신과의 관계, 세계와의 관계를 회복함으로써 말입니다. 하나님께서는 그리스도의 구속을 통해서 이 관계를 회복하게 하시는데, 이것을 변하지 않는 약속으로 보증하셨습니다.

그러나 변화된 관계를 맺을 수 있는 새로운 인간성을 항구적으로 주셨지만 매순간 자기를 부인하고 십자가를 지는 믿음과 순종의 삶을 실천할 때 풍성한 생명과 사랑의 관계가 유지됩니다. 그러기에 과거에 아무리 하나님을 깊이 만났다고 하더라도 오늘 하나님의 은혜를 의지하지 않을 수 없습니다. 매순간 주어지는 은혜가 없이는 생명과 사랑이 우리에게 풍성하게 흘러 들어오지 않기 때문입니다.

또한 거듭나지 않은 사람들은 성령으로 말미암는 중생과 회심을 간절히 구하지 않을 수 없게 하셨습니다. 중생과 회심에 이르러야지만 하나님의 생명과 사랑을 공급받을 수 있는 길이 열리기 때문입니다.

성부 하나님께서는 거룩하게 하시고 성자 하나님께서는 구속하시며 성령 하나님께서는 신자를 도우십니다. 그러기에 신자의 삶은 삼위일체적 체계를 갖는다고 말할 수 있습니다. 그리고 신자의 삶의 초점은 거룩함입니다. 하나님께서 인간에게 거룩한 삶을 요구하는 것이 가혹하게 느껴질지 모르겠지만 그것은 인간을 행복하게 하려는 하나님의 지혜이십니다.

창조의 목적은 하나님의 영광입니다. 창조의 목적이 하나님 자신의 영광을 위한다는 사실이 인간의 행복과 충돌을 일으키지 않습니다. 그러나 아담과 하와가 죄의 유혹을 받았을 때는 이 두 가지가 서로 모순이 되는 것처럼 느껴졌고 이후에 태어나는 타락한 인간에게 이것은 결코 양립할 수 없는 것처럼 보였습니다. 하지만 인간이 하나님의 영광을 위해 사는 참된 인생의 목적을 따라 살 때 가장 완벽한 행복에 이를 수 있습니다.

기독교는 인생의 목적뿐 아니라 인간의 존엄과 가치도 관계망 안에서 찾습니다.

하나님과의 관계에서는 하나님의 형상을 가진 인간이 하나님과 더불어 생명과 사랑의 교통을 누리며 살고, 사람들과의 관계에서는 서로 사랑하며 개개인의 삶이 하나님께서 인류와 세계를 창조하신 목적 연관을 이루는 가운데 존엄과 가치가 존중됩니다. 그리고 자연 만물과의 관계에서는 만물을 하나님의 세계 창조 계획에 이바지하도록 개척하고 가꾸고 다스리면서 하나님의 선과 아름다움을 증진하는 일에 인간의 존엄과 가치가 드러납니다.

계곡에 넘치도록 흐르는 풍부한 물이 그 산에 생명을 주듯, 신자의 마음 안에 흐르는 은혜가 그의 인생을 생명력 있게 만든다.

해맑게 내리쬐는 햇볕 아래 펼쳐진 자연세계의 아름다움을 생각해 보십시오. 밤하늘의 찬란한 별빛들의 합창을 들어 보십시오. 하늘을 떠도는 구름의 속삭임과 끝없이 펼쳐진 바다의 파도 소리에 귀를 기울여 보십시오. 모든 만물은 자신에게 알맞은 모습으로 존재하고 작용하면서 우주의 아름다움을 펼쳐 보여줍니다.

광대한 세계 속에서 수많은 사물들이 나타났다가 소멸하며 태어났다가는 흘러갑니다. 그러한 모든 변화에도 불구하고 오히려 우주의 아름다움은 더욱 증진됩니다.

깊은 산속에서 피었다 사라지는 이름 없는 풀꽃과 작은 벌레들, 단 하루도 똑같은 모양인 적 없는 하늘을 가로질러 흘러가는 구름 그리고 극지(極地)의 아름다운 오로라의 향연들…….

아무도 보는 사람이 없을지라도 그것들은 이미 다른 사물들과의 관계 속에서 그들의 아름다움을 드러내고 있습니다. 사람들은 그것들을 보지 못한다 하더라도 하나님께서는 바라보시고 즐거워하시기에 그들의 가치는 빛이 납니다.

그러나 자연세계의 아름다움이 아무리 탁월할지라도 그것은 도덕세계의 아름다움의 희미한 모상일 뿐입니다. 그렇다고 하더라도 이러한 자연세계의 아름다움은 도덕세계의 아름다움에 미치지 못합니다. 하나님께서는 도덕세계의 아름다움을 보며 즐거워하시고 그 행복에 인간을 동참하게 하십니다. 그 안에서 인간은 선하고 아름다워질 뿐 아니라 다른 인간들과 자연세계를 더욱 아름답게 합니다. 그리하여 인간은 하나님께 영광을 돌릴 뿐 아니라 자신도 행복을 누리게 되는데 이것이 성경에서 말하는 신자의 거룩한 삶입니다.

3. 신자의 거룩함과 사랑

이상에서 살펴본 바와 같이 타락으로 잃어버린 인간의 행복은 그리스도의 중보를 통해 하나님과 새로운 관계를 수립하고 이웃과 올바른 관계 안에서 살아감으로써 이루어집니다. 이것은 곧 거룩함의 회복이며 하나님과 이웃, 자연세계와의 관계가 거룩하게 된다는 의미입니다.

이 거룩함은 곧 사랑입니다. 그런데 그 사랑은 배타적인 사랑입니다. 왜냐하면 인간은 그 사랑 안에서 하나님께만 봉헌되고 자신이 의지할 분이 오직 하나님뿐이시라는 사실을 인식하고 거룩함을 추구하기 때문입니다.

a. 거룩함의 두 의미

'거룩함' (*qodesh, hagiasmos*)의 개념은 다음의 두 가지로 나누어 생각해 볼 수 있습니다. 본질적인 의미와 관계적인 의미가 그것입니다.

첫째로, 본질적인 의미에서 살펴보면 거룩함은 배타적으로 하나님께 봉헌되었거나 선점되었기에 다른 용도로 사용할 수 없다는 점에서 '구별, 구분' 을 의미합니다.

둘째로, 관계적인 의미에서 하나님의 존재적 초월성과 도덕적 완

찬란한 햇살은 눈 덮인 설원의 차가움을 잊게 해준다. 진리의 빛 아래 사는 사람들은 쓸쓸하거나 외롭지 않다. 진리와 함께하는 삶에는 늘 사랑의 교통이 있기 때문이다.

전성을 가리킵니다. 존재적 초월성이란 하나님께서는 존재론적으로 피조물과 무한한 격차가 있는 다른 분이시라는 의미입니다. 이러한 하나님의 초월성을 경험할 때 인간은 하나님 앞에서 자신이 얼마나 아무것도 아닌 미천한 존재인지를 깨닫고 겸비해집니다.

그 초월성 앞에서 자신이 하나님의 전능하심을 의지하면서 매일매일을 살아갈 수밖에 없는 하찮은 존재임을 자각합니다. 또한 도덕적 완전성이란 하나님이 그 속성(*qualitas*)에 있어서 도덕적으로 무한히 완전하신 분이심을 가리킵니다.

하나님의 도덕적 완전성을 경험할 때 인간은 하나님 앞에서 자신이 얼마나 더러운 죄인인지를 깨닫습니다. 그리고 자신이 죄인이기에 하나님의 용서와 사랑을 필요로 하는 존재임을 자각하고 하나님의 사랑을 더욱 의지하게 됩니다.

하나님의 존재적 초월성 앞에서 인간이 무한한 질적 격차를 인식할 때 그에게 하나님은 '전적 타자'(the wholly Other)가 됩니다. 이때 인간이 느끼는 감정은 절대적인 무한자 앞에서 미천한 존재로서 느끼는 '떨리는 두려움' 입니다.

신앙이 없더라도 광대한 자연 앞에서, 무한히 펼쳐진 우주 앞에서 인간이 자신의 존재가 거의 없는 티끌 같은 존재라는 사실을 인식하게 되는 것은 바로 인간의 의식 속에 심겨진 하나님에 대한 의식이 잔재한다는 증거입니다. 또한 인간은 하나님의 도덕적 완전성 앞에서 그분의 엄위를 인식하게 되는데 이때 인간은 자신이 비참한 죄인이라는 사실을 자각하게 됩니다.

무한히 거룩하시고 완전하신 하나님 앞에서 자신이 얼마나 도덕적으로 불완전하고 비참한 죄인인지를 깨달을 때, 그리스도께서 인간의 죄를 대신 짊어지신 속죄의 사역이 자신과 같은 불결한 죄인이 거룩하신 하나님께 나아가는 유일한 길이라는 사실과, 자기 같은 죄인들을 사랑하신다는 사실을 자각하며 그분을 절대적으로 의존하는 신앙을 갖게 됩니다.

이때 인간이 느끼는 정서는 죄인임에도 불구하고 용서하시는 하나님께로 '이끌리는 사랑' 입니다. 이것이 바로 거룩한 하나님을 향한 인간의 경건에 대한 신학적이고 종교 심리학적 설명입니다.

인간은 하나님을 향한 이러한 경건의 반응 안에서 만물의 질서 안에서 자신에게 지정된 자리를 정위하게 되는 것입니다. 거기서 인간은 참된 행복이신 하나님 안에 있는 행복에 참여하게 됩니다.

b. 거룩함과 행복의 조화

하나님께서 세계를 창조하시고 인류를 만드신 것은 그들을 당신의 사랑 안에서 영적인 한 가족과 같은 공동체가 되게 하시기 위

폐품 같은 인생은 없다. 자신은 쓸모없이 버려진 존재라는 인식은 하나님께서 그를 버리셨기 때문이 아니라 그 자신이 더 사랑할 힘이 없어 스스로를 폐품처럼 버렸기 때문이다. 그래서 키에르케고르(Søren Aabye Kierkegaard, 1813-1855)는 "절망이야말로 죽음에 이르는 병이다."라고 말했다.

해서였습니다. 영적으로뿐만 아니라 실제적으로 모든 인류가 서로 사랑하고 사랑을 받으면서 '하나의 뼈, 하나의 살'이 되게 하고자 하셨습니다.

이는 하나님께서 인간이 성향, 재능, 능력에서 각자가 서로 다른 개별적인 본성을 가지고 있더라도 그들 모두가 하나의 사랑 안에서 서로를 자신의 몸과 같이 사랑함으로 하나되게 하고자 하심입니다.

그러면 거룩함과 인간의 행복이 어떻게 조화를 이룰 수 있을까요? 인간은 자신이 성령의 은혜와 믿음으로 하나님 앞에 봉헌되도록 배타적으로 선점(先占)된 존재이고, 하나님의 전능하심과 용서하시는 긍휼을 의존하며 살아야 하는 미천한 존재임을 인식하며 그분의 계시된 의지를 따라 살아갈 때 행복하게 됩니다.

인간은 이 거룩함 안에서 행복을 누립니다. 바로 그런 삶을 살게 하는 동기가 십자가에 나타난 하나님의 '아가페'(*agape*)를 경험한 반응으로 나오는 '까리따스'(*caritas*)입니다. 그 거룩함 안에서 인간은 하나님과 인간, 자연세계와도 올바른 관계를 맺을 수 있습니다.

결국 인간을 당신 안에서 행복하게 하시려는 하나님의 계획은, 자기 사랑에 매여 하나님 바깥에서 행복해지려다가 불행으로 굴러 떨어질 수밖에 없는 인간들을 구원하시고, 당신의 거룩한 성품을 닮은 본성으로 변화시키시는 은혜로 나타납니다. 하나님과 세계와 자신 사이의 올바른 질서를 안 사람이 세상의 행복보다 거룩함을 원하는 것은 세상에서의 번영보다 참되고 영원한 행복을 갈망하기 때문입니다.

인간을 행복하게 하기 위하여 하나님께서는 인간을 구원하시고 구별하여 오직 당신에게 봉헌되게 하시니, 이는 사람으로 하여금 당신에게만 봉헌된 헌신으로써 하나님의 창조 목적을 따라 타자와 관계를 맺고 살아가게 하시기 위함입니다.

하나님께서 인간을 구원하실 뿐 아니라, 구원받은 신자들을 끊임없이 열심히 그리스도의 형상을 본받게 하심은 그들을 거룩하고 흠없는 하나님의 자녀로 만드시기 위함입니다(롬 8:29, 빌 2:15). 그러한 하나님의 자녀의 상태를 우리는 '거룩함'이라고 부릅니다. 이는 하나님께서 우리를 죄로부터 해방시켜 이르게 하신 열매로서 곧 영생입니다(롬 6:22).

인간의 행복이 관계 맺음에 있다면 그 관계를 올바르게 하기 위해서는 관계를 맺는 주체인 인간 자신에 대한 지식과 관계를 맺는 대상인 이웃, 이 관계 맺음으로 피조세계 안에서 증진될 선과 아름다움에 대한 지식도 필요합니다. 나아가 이 모든 관계의 주된 목적이자 이유이신 하나님에 대한 지식은 더욱 필요합니다. 그래서 우리에게 성경이 필요합니다.

성경은 세계와 인간을 지으신 하나님의 목적과 의도를 보여주며 인간이 창조주 하나님의 계획을 따라 살기 위해 무엇을 믿어야 하며 어떻게 살아야 하는지를 보여줍니다. 그러므로 성경이 이 세계 대상에 대한 지식의 본문이라면 학문은 그 본문에 대한 각주 혹은 해설이라고 할 수 있습니다.

인간의 의무는 성경을 통해 계시된 하나님의 의지를 굳게 붙들고 그것이 학문의 지식과 어떻게 연결되는지를 탐구함으로써 하나님의 지혜와 능력, 선과 아름다움을 발견하면서 더욱 그분을 의지하고 사랑하는 것입니다. 여기서 우리는 인간의 삶에 대한 핵심적인 요구인 하나님을 사랑하는 경건(*pietas*)과 학문(*scientia*)이 조화를 이루는 것을 발견하게 됩니다.

하나님을 배제한 채 행복해지려는 시도는 아담과 하와가 타락했을 때 경험한 사탄의 속임에서 시작되었습니다. 그러나 하나님 자신이 행복의 근원이시기 때문에 하나님을 떠나 하나님 밖에서 행복을 찾는 사람들은 불행해질 수밖에 없습니다.

하나님께서는 행복을 찾는 인간을 참된 행복에 이르게 하기 위해 '거룩함' 으로 부르십니다. 하나님과의 관계에서 거룩함을 덧입게 하시고 거룩하게 살아가게 하시며 이 세상의 불신자들과 구별되게 하십니다. 이 거룩함은 거룩하신 하나님의 사랑으로부터 나와서 하나님을 아는 지식과 함께 유지되고 하나님과 사람들과의 관계 속에서 증진되는 사랑입니다.

이런 거룩함 속에서 사는 인간의 구체적인 삶은 곧 "마음을 다하며 목숨을 다하며 힘을 다하며 뜻을 다하여" 주 하나님을 사랑하는 삶이고 또한 이웃을 우리의 몸같이 사랑하는 생활입니다(눅 10:27).

성경에는 우리에게 "자기를 사랑하라."는 명령이나 암시가 없습니다. 이는 어떤 사람들이 기독교를 비난하는 것처럼 하나님께서 인간 개인을 당신의 목적을 위해 소모품처럼 사용하시거나, 전체를 위한 희생물처럼 여기신다는 사실을 보여주는 것이 아닙니다.

오히려 이는 인간이 자기 중심을 버리고 하나의 우주적인 사랑의 회귀적인 사랑으로 돌아서 하나님으로부터 받은 바 사랑을 이웃에게 흘려보낼 유통적인 존재가 되는 그 질서 안에서 하나님과 인간으로부터 충분히 사랑받는 고귀한 존재가 된다는 사실을 보여주는 것입니다. 그리고 이것이 바로 신자의 거룩한 삶이며 그 안에서 인간은 가장 사랑받아 우주적인 하나님 사랑에 참여함으로 행복해집니다. 하나님께서는 그러한 인간 존재와 삶의 거룩함 안에서 영광을 받으십니다.

추루하고 방종하게 살아가는 인간의 삶 안에 고상한 안정과 숭고

건축은 여러 가지의 기술을 종합하여 구조물을 짓는 통합적인 기술이다. 건물의 아름다움은 그 건축물을 구성하는 요소들 간의 질서와 그것들과 다른 요소들과의 조화의 아름다움이다. 사람의 아름다움도 그러하다.

한 평화, 이타적 사랑 또는 정신의 만족 같은 것은 없습니다. 이것이 바로 거룩함과 행복이 조화를 이루는 이유입니다. 거룩하지 않은 만족은 참된 행복이 아니고, 행복하지 않은 거룩함은 참된 종교가 가르치는 거룩함이 아닙니다.

아우구스티누스가 『참된 종교에 관하여』(*De Vera Religione*)에서 말한 바와 같이 "참된 종교에 선하고 행복한 모든 길이 있습니다"(*Cum omnis uitae bonae ac beatae uia in uera religione sit constituta*).

4. 잘 사는 것과 사랑

이처럼 하나님께서는 인간을 봉헌된 존재로 구별하여 하나님에 대한 절대 의존과 사랑, 순종 안에서 살아가게 하심으로써 인간이 행복하게 사는 것과 인간을 창조하신 당신의 목적이 조화를 이루게 하십니다. 그런데 인간으로서 '잘 사는 것'에 대해 올바른 지식을 가지고 있을지라도 실제로 살아가는 삶에서 그런 삶을 살아가게 하는 것은 욕망 혹은 사랑입니다.

따라서 지식으로써 우주적 질서와 타자들과의 관계를 안다고 할지라도 그 지식으로 아는 질서와 일치하는 사랑을 가지고 있지 않거나, 다른 종류의 질서에 집착하는 사랑을 가지고 있으면 실제의 삶에서는 창조의 질서를 따라 하나님과 이웃과 자연세계와 올바른 관계를 맺을 수 없습니다.

인간은 단지 경험을 통해서가 아니라 창조될 당시부터 애성적인 존재로 창조되었습니다. 다시 말해서 사랑할 수 있는 정신의 능력이나 마음의 기능뿐 아니라, 사랑의 경향 자체를 부여받은 존재로 창조되었기에 최초의 인간들은 사랑에 있어서 백색서판(白色書板, *tabula rasa*)으로 태어난 것이 아닙니다. 오히려 생래적 지식과 함께 사랑을 부여받은 존재로 태어났습니다.

인간으로서 잘 사는 것은 올바른 지식 안에서 타자와 관계를 맺으며 살아가는 것인데, 사랑은 본질적으로 타자와 관계를 맺게 하는 경향입니다.

인간의 마음 안에 있는 경향으로서의 사랑은 아가페 사랑에 대한 반응으로서의 사랑인 '지순의 사랑'(*caritas*)과 자기 욕망을 실현하려는 사랑인 '육욕적 사랑'(*cupiditas*)으로 나뉩니다. 전자는 하나님으로부터 나와서 모든 인간들과 자연세계를 휘돌아 하나님 자신에게로 회귀하는 우주적 사랑 안에 있는 교통적 사랑이며, 후자는 이 질서를 거슬러 자기로부터 나와서 인간과 사물들을 자기 만족의 질서에 편입시키려는 단절적 사랑입니다.

여기서 인간은 현실에서 정욕(*concupiscentia*)의 문제와 마주치게 됩니다. 좁은 의미에서 정욕은 성적 욕망을 가리킵니다(롬 1:24, 고전 7:9). 그러나 넓은 의미에서는 '자기를 주인 삼으며 살고자 하는 욕망의 총체'를 가리킵니다(롬 7:5, 갈 5:24).

비록 인간이 행복에 대한 하나님의 뜻을 모두 다 알고 있다고 하더라도 자기 안에서 끊임없이 생겨나는 정욕은 이러한 존재와 가치에 따라 살지 못하도록 방해합니다.

다시 말해서 하나님과 인간, 세계에 대한 무지와 함께 하나님께서 세우신 사물의 존재와 가치의 질서를 뒤집으려는 '자기를 주인 삼은 그릇된 욕망'이 인간으로 잘 사는 것을 방해합니다.

그러므로 신자는 구원받은 이후에도 끊임없는 자기 성찰 속에서 자신 안에 있는 사랑이 어떤 사랑인지를 확인하여 자기 부인과 십자가를 지는 생활, 영원한 세상에 대한 소망 속에서 "정욕과 탐심"에 대하여 죽지 않으면 안 됩니다(갈 5:24). 그러기에 우리에게는 기독교 경건의 핵심인 죄 죽임과 은혜 살림의 일상적인 실천이 요구됩니다.

아직 죄의 영향이 이 세계 안에 있고, 죄악 된 옛 본성이 남아 있는 현 상태에서 인간은 하나님께서 정해 주신 마땅히 살아가야 하는 삶을 항상 기쁨으로 여기지는 않습니다. 그러나 새로운 본성이 삶의 실천으로 일상화될 수 없고 또 일상화되지 않는다면 그것은 새 본성에서 나오는 삶이라고 할 수 없습니다.

하나님께서는 율법의 겉으로만 합치하는 행실을 통해서가 아니라 그러한 행실과 일치하는 사람됨의 거룩한 변화를 통해서 영광을 받으십니다. 그렇기 때문에 인간으로 잘 사는 것이 자기 안에 항구화되지 않는다면 인간은 결코 행복할 수 없습니다.

결국 이러한 외형적인 행동과 사람됨의 일치 여부는 사랑의 문제로 귀결됩니다. 왜냐하면 죄 죽임이란 하나님께서 원하시지 않는 것들에 대한 인간의 사랑을 죽이는 것이며, 은혜 살림이란 하나님께서 인간에게 원하시는 사랑을 살리는 것이기 때문입니다. 그리하여 하나님께서는 인간이 맺는 모든 관계를 당신으로부터 받아 그분께 바치는 하나의 사랑 안에서 우주적으로 통일되게 하십니다.

이 우주적으로 통일된 사랑의 관계 안에 있을 때, 비로소 인간이 하나님과 이웃과 올바른 관계망 속에서 잘 사는 것이 가능해집니다. 신자가 자신의 마음으로부터 하나님을 의존하는 것은 하나님의 은혜를 간절히 구하는 믿음으로 나타납니다. 그렇게 간절히 구하는 은혜가 바로 '인간으로 마땅히 해야 할 의무를 감당할 수 있게 하는 하나님 사랑의 감화' 이기 때문입니다.

인간의 영혼에는 고등한 기능과 하등한 기능이 있습니다. 고등한 기능은 하나님, 진리, 신령한 것들에 대해 거룩한 갈망을 갖게 하지

식물학자들에 의하면 선인장의 가시는 잎사귀가 수분이 거의 없는 환경에 적응해 온 변이의 산물이라고 한다. 인간도 이와 같이 삶의 환경에 의해 자연적 성품이 발전하거나 새로운 방향으로 형성된다. 그러나 운명처럼 형성된 인간의 도덕적 성품에 하나님의 은혜는 혁명과도 같은 갱신을 가져온다. 그래서 신자는 '그리스도 안에 있는 새로운 피조물'이다.

만 하등한 기능은 '이 세상이나 세상에 있는 것들'을 통해서 자기 사랑과 만족을 구하도록 세속적인 욕망의 분출에 이바지하기도 합니다. 따라서 인간의 욕망은 그 자체가 모두 죄악시되어야 할 것은 아닙니다. 그러기에 인간으로서 잘 살기 위해서는 올바른 지식과 함께 자신의 마음에서 일어나는 욕망을 적절하게 다스리고 통제하는 정신의 능력이 필수적입니다. 인간은 참으로 아름답고 가치 있는 것만을 사랑하는 존재가 아니기 때문입니다.

오늘날처럼 포스트모더니즘에 물든 시대에는 저마다 '꿈'(dream)이라고 이름 붙인 자기의 욕망의 실현에서 행복을 찾고 있습니다. 그러나 참으로 잘 사는 것이 아니면 행복한 것이 아니고, 참으로 행복하지 않다면 그것은 잘 사는 것이 아닙니다.

이 세상을 향한 최고의 선교는 신자가 '잘 사는 것'과 '행복한 것'입니다. 그 행복의 원인은 이 세상에서 사라져 없어질 금이나 은 같은 것들이나, 진리의 빛 앞에서 광채를 잃은 이 세상 임금들이 꽃으로 꾸며 쓴 면류관이 아닙니다.

삼위의 교제 안에서 완전하고 아름다우신 하나님의 행복 안에서 그분과 관계를 맺어 생명과 사랑을 공급받으며 인간들과 올바른 관계를 맺으며 살아야 합니다. 아우구스티누스가 주장한 바와 같이 "더한 것은 더 사랑하고 덜한 것은 덜 사랑하는 완전한 정의(*perfecta iustitia)*" 안에서, 하나님 사랑의 질서 안에서 자연세계를 돌보고 가꾸며 살아가는 것입니다.

인간의 행복은 매일 그리스도를 아는 은혜와 지식에서 자라가며, 증진하는 사랑과 확장되는 지식의 빛 안에서 그분의 영광을 보는 기쁨 속에서 사는 것입니다.

맺는 말

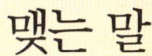

당신은 행복합니까? 당신은 잘 살고 있습니까?

우리의 신앙생활은 우리의 존재와 인생의 전 의미와 우리와 관계를 맺고 살아가는 이 세계 전체의 의미가 집약된 중차대한 것입니다. 그리고 우리가 이 자리에 이렇게 존재하는 것은 그 누구에 의해서도 대치될 수 없습니다. 하나님께서 지정하신 자리에서 교통적인 행복을 누리며 살아가는 것이야말로 인간의 존재 이유이며 목적입니다.

하나님을 떠난 인간이 끊임없이 행복을 추구하여도 행복한 존재가 되지 못하는 것은 그 행복을 하나님과 사람들 그리고 자연 만물과의 존재와 가치의 질서망 안에서 찾지 않기 때문입니다. 궁극적으로 인간의 행복은 하나님께서 이 세계를 창조하시고 인간을 지으신 목적과 연관을 이루고 있습니다. 따라서 인간의 행복은 이러한 하나님의 창조 목적을 따라 올바르게 '관계 맺음'에 있습니다.

하나님께서 의도하시는 관계 맺음의 핵심은 '거룩함'입니다. 하나님과 올바른 관계를 맺음으로 그분께만 배타적으로 봉헌된 존재가 되고, 그분의 능력과 자비를 의지하며 거룩하게 살아갈 뿐만 아니라 다른 사람들을 향해 거룩한 '존재의 울림'이 있는 존재가 되는 것이 바로 우리를 향한 하나님의 기대입니다. 우리가 하나님의 그 기대대로 '거룩함' 가운데 살아갈 때, 우리의 삶 자체가 선교가

학과 숲, 그리고 물이 잘 어울리는 풍경이다. 숲은 그 곁을 나는 흰 학 때문에 더 아름답고, 학은 물과 숲이 있어 더욱 고아하다. 그리고 인간이 그것들을 보며 아름다움을 느낄 수 있는 것은 하나님께서 그 질서의 어울림들을 지각할 수 있는 감각을 주셨기 때문이다.

됩니다.

그리스도인의 인간성과 삶의 관계는 존재의 접힘과 펼침의 관계입니다. 인간성의 펼침이 삶이라면, 삶의 접힘이 인간성인 것입니다. 그러기에 하나님께서는 중생과 회심 그리고 성화를 통해, 우리의 인간성을 재창조에 가깝도록 갱신하시고 그 갱신된 것을 보존하시고 더욱 새롭게 하심으로 하나님의 나라를 이루어 가십니다.

우리는 이 세상에 살고 있지만 하나님의 나라를 바라보며 살아가야 할 존재들입니다. 인간이 행복에 이르지 못하는 중요한 이유 중 하나는 하나님의 나라가 아니라 이 세상에 소망을 두고 살아가기 때문입니다.

성경은 신자를 가리켜 이 세상을 지나가는 순례자 혹은 나그네로 묘사합니다(창 47:9, 히 11:13). 신자는 이 땅 위에 발을 디디고 이 세상에 완성될 하나님의 나라를 소망하며 살아가지만, 또한 '이 세상에 대한 경멸'(*contemptio mundi*)을 소유하고 있어야 합니다. 이는 칼빈이 지적한 바와 같이, 현세의 의미를 얕잡아 보거나 무시하는 것이 아니라 완성될 하나님의 나라의 영광의 탁월함을 아는 데서 비롯되는 경멸입니다. 또한 현재 너머 '미래의 삶을 묵상하는 것'(*meditatio futurae vitae*)에 관한 지식과 실천도 신자에게는 꼭 필요합니다.

그러므로 인간은 영원의 관점으로 현세의 아름다움을 생각하는 지혜 가운데 살아가야 합니다. 이는 아우구스티누스가 말한 것처럼 "공간은 우리에게 끊임없이 사랑할 대상을 제시하지만 시간은 끊임없이 그것들을 앗아 가기" 때문입니다.

결론적으로 말해서, 우리가 추구하는 행복은 관계망에서 단절된 근거 없는 자기 만족에서 느끼는 행복이 아닙니다. 그 행복은 단절된 행복이 아니라 교통적인 행복입니다. 하나님과 이웃들의 행복으로 복을 누리는 그런 행복입니다.

하나님의 복되심이 당신과 관계를 맺은 우리로 하여금 그 상태에 참여하여 행복을 누리게 하신 것처럼 우리의 행복도 우리와 관계를 맺는 모든 사람에 의해 누려져야 합니다. 이러한 교통하는 인류의 행복 안에서 자연 만물도 그들의 선과 아름다움이 증진되는 가운데 쉼과 만족을 누리게 됩니다.

하나님의 나라는 하나의 사랑 안에서 모두가 공유하는 행복의 나라입니다. 신자들은 이미 임하였으나 아직은 완성되지 않은 하나님 나라의 행복을 교회 안에서 그리고 세상 안에서 미리 맛보게 하시려고 하나님께서 택하신 자들입니다. 인류는 그 신자들을 통해 인간의 진정한 행복이 무엇인지 비로소 볼 수 있게 될 것입니다.

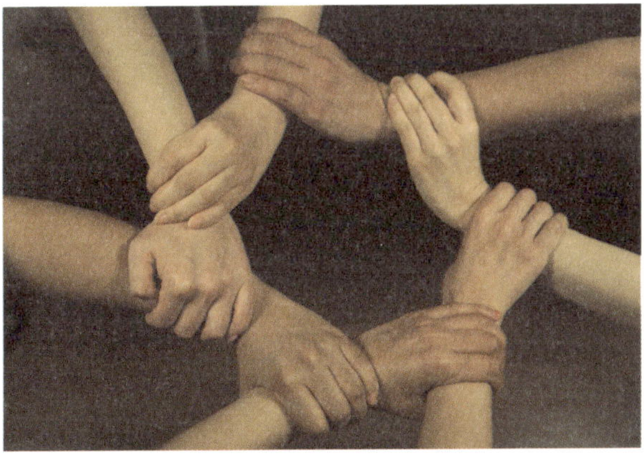

모든 사람이 행복하기를 원하나, 행복한 상태에 대한 감각은 경험을 통한 학습의 결과가 아니다. 인간의 불행은 하나님 바깥에서 행복을 찾는 데서 시작한다. 진정한 행복은 하나님과 이웃과의 관계 안에서 창조의 목적을 따라 함께 살아가는 데 있다.

참고 문헌

참고 문헌

이 글을 쓰는 데 직접적으로 도움을 받았던 책들의 목록이다. 다음 책들을 참고하였다고 해도 인용문으로 명시한 것을 제외하고는 본문 대부분이 나 자신 안에서 소화되어 기억 속에서 자기화된 내용들이기 때문에 일일이 다 찾아내어 열거할 수 없는 경우도 있었음을 밝혀 둔다.

국외 논문 · 단행본

Augustine, Saint, Bishop of Hippo. *The Works of Saint Augustine*. vol. I/1, *The Confessions* (*Confessiones*). trans. by Maria Boulding. New York: New City Press, 2004.

_______. *The Works of Saint Augustine*. vol. I/5, *The Trinity* (*De Trinitate*). trans. by Edmund Hill. New York: New City Press, 2007.

_______. *The Works of Saint Augustine*. vol. I/8, *True Religion* (*De Vera Religione*). trans. by Edmund Hill. New York: New City Press, 2005.

_______. *The Works of Saint Augustine*. vol. I/11, *Teaching Christianity* (*De Doctrina Christiana*). trans. by Edmund Hill. New York: New City Press, 2007.

Beiser, Frederick C. ed. *The Cambridge Companion to Hegel*. Cambridge: Cambridge University Press, 1999.

Berkhof, Louis. *Systematic Theology*. Grand Rapids: William B. Eerdmans

Publishing Company, 1996.

Calvin, John. *Institutes of the Christian Religion*. 2 vols. trans. by Henry Beveridge. Grand Rapids: William B. Eerdmans Publishing Company, 1981.

Chesterton, G. K. *The Collected Works of G. K. Chesterton*. vol. I. ed. by David Dooley. San Francisco: Ignatius Press, 1986.

Cicero, *The Loeb Classical Library*. vol. 30, *On Duties* (*De Officiis*). trans. by Walter Miller. Cambridge: Harvard University Press, 2005.

Drilling, Peter. "The Psychological Analogy of the Trinity: Augustine, Aquinas and Lonergan." *Irish Theological Quarterly*. vol. 71, no. 3–4 (Aug. 2006): 320–337.

Edwards, Jonathan. *The Works of Jonathan Edwards*. vol. 8, *Concerning the End for Which God Created the World*. ed. by John E. Smith. New Haven: Yale University Press, 1987.

________. *The Works of Jonathan Edwards*. vol. 17, *God Glorified in Man's Dependence*. ed. by Harry S. Stout. New Haven: Yale University Press, 1999.

Encyclopaedia Britannica Inc. ed. *The New Encyclopaedia Britannica in 30 Volumes: Macropaedia: Knowledge in Depth*. vol. 17. 15th Rev. ed. Chicago: Encyclopaedia Britannica, 1977.

Fesko, J. V. *Beyond Calvin: Union with Christ and Justification in Early Modern Reformed Theology (1517–1700)*. Bristol: Vandenhoeck & Ruprecht, 2012.

Gleason, Randall C. *John Calvin and John Owen on Mortification: A Comparative Study in Reformed Spirituality*. New York: Peter Lang Publishing, 1995.

Helm, Paul. & Crisp, Oliver D. eds. *Jonathan Edwards: Philosophical Theologian*. Burlington: Ashgate Publishing, 2003.

John of Damascus. *The Fathers of the Church*. vol. 37, *The Fount of Knowledge*. trans. by Frederic H. Chase, Jr. Washington DC: The Catholic University of America Press, 1981.

O'Daly, Gerard. *Augustine's Philosophy of Mind*. Berkeley: University of California Press, 1987.

Origen. *On First Principles*. trans. by George W. Butterworth. ed. by Paul

Koetschau. New York: Harper & Row Publishers, 1966.

Owen, John. *The Works of John Owen*. vol. 6, *Of the Mortification of Sin in Believers; Of Temptation; The Nature, Power, Deceit, and Prevalency of the Remainders of Indwelling Sin in Believers; A Practical Exposition upon Psalm CXXX*. ed. by William H. Goold. Edinburgh: The Banner of Truth Trust, 1991.

_______. *The Works of John Owen*. vol. 7, *Nature and Causes of Apostasy from the Gospel; The Grace and Duty of Being Spiritually Minded; A Treatise of the Dominion of Sin and Grace*. ed. by William H. Goold. Edinburgh: The Banner of Truth Trust, 1988.

Packer, J. I. & Howard, Thomas. *Christianity: The True Humanism*. Waco: Word Books, 1985.

Putnam, Hilary. "The Nature of Mental States." in *Philosophical Papers*. vol. 2. *Mind, Language and Reality*. Cambridge: Cambridge University Press, 1997.

Wallace, Mark I. "Christian Animism, Green Spirit Theology, and the Global Crisis Today." *Journal of Reformed Theology*. vol. 6, essue 3 (2012): 216–233.

White, Lynn., Jr. "The Historical Roots of Our Ecological Crisis." *Science*. vol. 155, no. 3767 (Mar. 10, 1967): 1205.

국내 논문 · 단행본 · 번역본

고트프리트 라이프니츠. 『모나드론 외』. 배선복 역. 서울: 책세상, 2007.

김선권. "깔뱅이 말하는 '잘 정돈된 삶' (la vie bien ordonnée)으로서의 기독교인의 삶의 방식." 『한국개혁신학』 42권 (2014년 5월): 8-47.

김재권. 『심리철학』. 하종호, 김선희 역. 서울: 철학과현실사, 2004.

로버트 스완슨. 『12세기 르네상스』. 최종원 역. 서울: 심산, 2009.

루크레티우스. 『사물의 본성에 관하여』. 강대진 역. 서울: 아카넷, 2012.

르네 데카르트. 『방법서설, 성찰, 철학의 원리, 정념론』. 소두영 역. 서울: 동서문화사, 2011.

바룩 스피노자. 『에티카, 정치론』. 추영현 역. 서울: 동서문화사, 2008.

베르나르 베르베르. 『제3인류』. 전4권. 이세욱 역, 파주: 열린책들, 2014.

변광배. 『존재와 무: 자유를 향한 실존적 탐색』. 파주: 살림, 2005.

블레즈 파스칼. 『팡세』. 이환 역. 서울: 민음사, 2005.

스티븐 그린블랫. 『1417년, 근대의 탄생』. 이혜원 역. 서울: 까치글방, 2013.

시오노 나나미. 『르네상스를 만든 사람들』. 김석희 역. 파주: 한길사, 2011.

알렉상드르 마트롱. 『스피노자 철학에서 개인과 공동체』. 김문수, 김은주 역. 서울: 그린비, 2008.

임마누엘 칸트. 『윤리형이상학 정초』. 백종현 역. 서울: 아카넷, 2012.

장자.『장자』. 김학주 역. 고양: 연암서가, 2010.

장-폴 사르트르.『구토』. 이경석 역. 서울: 홍신문화사, 2006.

토마스 아퀴나스.『지성 단일성』. 이재경 역주. 왜관: 분도출판사, 2007.

풍우란.『중국철학사 上』. 박성규 역. 서울: 까치글방, 2013.

플라톤.『파이드로스, 메논』. 천병희 역. 고양: 도서출판숲, 2013.

_______.『향연』. 강철웅 역. 서울: 이제이북스, 2010.

힐라리 퍼트남.『과학주의 철학을 넘어서』. 원만희 역. 서울: 철학과현실사, 1998.

김남준.『자기 깨어짐』. 서울: 생명의말씀사, 2006.

_______.『하나님의 도덕적 통치』. 서울: 생명의말씀사, 2007.

_______.『구원과 하나님의 계획』. 서울: 부흥과개혁사, 2009.

_______.『그리스도인이 빛으로 산다는 것』. 서울: 생명의말씀사, 2012.

사명선언문

너희가 흠이 없고 순전하여……세상에서 그들 가운데 빛들로
나타내며 생명의 말씀을 밝혀 _ 빌 2:15-16

1. 생명을 담겠습니다
만드는 책에 주님 주신 생명을 담겠습니다.
그 책으로 복음을 선포하겠습니다.

2. 말씀을 밝히겠습니다
생명의 근본은 말씀입니다.
말씀을 밝혀 성도와 교회의 성장을 돕겠습니다.

3. 빛이 되겠습니다
시대와 영혼의 어두움을 밝혀 주님 앞으로 이끄는
빛이 되는 책을 만들겠습니다.

4. 순전히 행하겠습니다
책을 만들고 전하는 일과 경영하는 일에 부끄러움이 없는
정직함으로 행하겠습니다.

5. 끝까지 전파하겠습니다
모든 사람에게, 땅 끝까지, 주님 오시는 그날까지
복음을 전하는 사명을 다하겠습니다.